Anny Wienbruch

Das sonnige Haus

Aus Mutters Kindheit

Band III

Hänssler-Verlag
Neuhausen-Stuttgart

Anny Wienbruch weiß noch mehr aus Mutters Kindheit zu berichten:

Die fröhliche Familie
(Aus Mutters Kindheit, Band I)

Wir waren unser elf
(Aus Mutters Kindheit, Band II)

ISBN 3 501 01064 8

TELOS-Paperback Nr. 1064
36.—42. Tausend
Umschlagentwurf: Franz Reins

Gesamtherstellung:
St.-Johannis-Druckerei C. Schweickhardt, 763 Lahr-Dinglingen
Printed in Germany · 6225/1975

ES GIBT WAS BESSERES IN DER WELT

„Mutter, warum heißt unser Haus das sonnige Haus?“ fragte unser Jüngster, der fünfjährige Hermann, als wir in der Dämmerstunde um Mutter herumsaßen.

„Hermann, warum heißt unsere Familie die fröhliche Familie?“ wandte sich Emma, unsere Älteste, an unseren Jüngsten.

„Weil wir immer so fröhlich sind!“ antwortete er lachend und kuschelte seinen blonden Lockenkopf an Mutters blaue Schürze.

„Nun, und warum nennen die Leute unser Haus das sonnige Haus?“ fragte Emma weiter.

„Weil es sonnig darin ist“, erwiderte der Kleine, aber er krauste dabei nachdenklich die Stirn. „Immer aber scheint die Sonne nicht hinein“, meinte er dann.

„Aber die Sonne ist doch immer darin“, erklärte Mutter.

„Das bist du!“ rief Hermann und umarmte Mutter stürmisch.

Wir anderen stimmten ein: „Ja, ja, ja!“

Aber Mutter wehrte ab: „Kinder, Kinder, ihr alle müßt inwendig im Herzen Sonne haben!“

„Das haben wir aber nicht immer“, murmelte Guste.

„Wenn du wieder Krach mit Wilhelm hast, bestimmt nicht“, sagte Minchen.

„Oder du mal wieder die beleidigte Leberwurst spielst“, gab Guste zurück, die übrigens täglich in Tante Ewertsbuschs großer Metzgerei half.

„Oder ihr euch beide so wie jetzt benehmt“, mahnte Emma.

„Ach, das sind nur kleine Schäfchenwölkchen, die bald zerstieben“, tröstete Lenchen.

„Das will ich hoffen“, sagte Mutter. „Und wenn einmal die dicken Wolken kommen, dann wissen wir, und das merkt euch für euer künftiges Leben: Hinter den Wolken scheint immer noch die Sonne! Wißt ihr denn auch, wer unseres Hauses Sonne ist, die Sonne, die nie untergeht?“

O ja, wir Kinder wußten, welche Sonne Mutter meinte. Wie oft hatte sie uns gesagt und mit uns gesungen:

Die Sonne, die mir lachet,
ist mein Herr Jesus Christ;
das, was mich singen machet,
ist, was im Himmel ist.

Wie oft hatten wir abends mit ihr angestimmt:

O selig Haus, wo man Dich aufgenommen,
Du wahrer Seelenfreund, Herr Jesus Christ,
wo unter allen Gästen, die da kommen,
Du der gefeiertste und liebste bist!

Oh, wir hatten auch noch andere Gäste in unserem sonnigen Haus, die nicht mehr auf dieser Erde wandelten und doch halfen, daß unser Haus ein sonniges Haus war.

Einer der besten Freunde unserer lieben Mutter war der gute alte Matthias Claudius. Seine Gedichte wurden bei uns gar gern gelernt und gesprochen, sein schönstes Lied fast jeden Abend gesungen. Ich sehe uns noch vor dem Haus sitzen, die Großen neben der Mutter auf der Bank, die Jüngeren zu ihren Füßen, das Kleinste auf ihrem Schoß. Drunten im Tal blinkten die Lichter der Stadt aus den Nebelschleiern, und über uns leuchteten die Sterne, und dann erklang es:

Der Mond ist aufgegangen,
die goldnen Sternlein prangen
am Himmel hell und klar.
Der Wald steht schwarz und schweiget,
und aus den Wiesen steiget
der weiße Nebel wunderbar.

Und zuletzt hallte es feierlich in den Abend hinein:

Und laß uns ruhig schlafen
und unsern kranken Nachbar auch!

Matthias Claudius half auch, daß kleine Schäfchenwölkchen, die uns die Sonne verdunkelten, rasch zerstreut wurden.

Da war einmal in einem kleinen Nachbarort Kirmes. Guste mußte aus Onkel Ewertsbuschs Metzgerei am Samstagabend Fleisch hintragen und nahm Hermann, Karl, Alwine und auch mich mit. Unser Vetter Daniel, den wir unterwegs trafen, schloß sich uns auch noch an.

Nun, es war dort auf dem Kirmesplatz keine große Herrlichkeit zu sehen. Heutzutage würden die meisten Kinder darüber die Nase rümpfen. Wir aber starrten bewundernd auf die Lebkuchenherzen mit ihren aufgeklebten bunten Bildern und Sprüchen, die an den Stangen der Zuckerbuden baumelten. Wir beobachteten ehrfürchtig aus der Ferne die Schützen vor den Schießbuden, und wir Mädchen hielten uns bei jedem Schuß die Ohren zu, während Karl ein trotzig tapferes Gesicht machte, aber bei jedem Knall meine Hand drückte, als wenn es ihm doch nicht ganz geheuer wäre.

Und dann standen wir wie angewurzelt vor dem Karussell, auf dem sich stolze Rappen und wilde Schimmel aufbäumten. Diese Rosse waren natürlich aus Holz. Das lebendige Pferd, das dazu gehörte, war ein altes, müdes Tier, das mit hängendem Kopf unablässig im Kreis herumtrottete und zu den Klängen einer keuchenden und quiekenden Drehorgel das Karussell im Gang hielt. Der armselige, magere Gaul, der da in dem dumpfen, halbdunklen Loch inmitten des Holzgestells immer rundherum ziehen mußte und dann und wann mit einer Peitsche angefeuert wurde, tat mir so leid, daß mir die Tränen in die Augen traten.

Aber Karl beruhigte mich. „Das ist der schon gewohnt", meinte er, „und wenn das Karussell im Schwung ist, dreht es sich fast von selber."

Da war ich etwas getröstet und starrte wie die anderen wie gebannt auf die stolzen Holzrosse, auf denen hie und da noch stolzere Reiter thronten und von oben herunter – im wahrsten Sinn des Wortes – auf uns da unten herabsahen.

„Männe auch! Männe auch!" bettelte unser Hermann. Er war als unser Jüngster gewöhnt, daß ihm eher als uns anderen ein Wunsch erfüllt wurde.

In unserer Guste derbem Gesicht spiegelte sich ein Kampf ab. Sie zögerte noch. Dann griff sie in ihre Schürzentasche und holte die Münzen hervor, die ihr die beiden Wirte, zu denen sie das Fleisch getragen hatte, geschenkt hatten. Sie zählte, zögerte wieder, überlegte, krauste die Stirn. Wir beobachteten sie gespannt.

„Allein kann er nicht fahren", murmelte sie. „Er könnte herunterfallen. Er bekommt auch Angst, und dann brüllt er." Sie schaute prüfend über uns jüngere Geschwister.

„Vielleicht mit Annchen?" sagte sie dann. Sie hatte mich als — zwar nicht jüngstes, aber kleinstes Mädchen immer etwas bemuttert. Vielleicht fühlte sie sich dazu auch aus einem leisen Schuldgefühl heraus verpflichtet, weil ich immer ihre abgetragenen Kleider auftragen mußte. Na ja, und was Guste absetzte, das war wirklich abgetragen.

Mir hüpfte das Herz vor freudigem Schrecken. Schon faßte ich Hermanns Hand und stolperte auf die schmutzig grauen Stufen des Karussells zu.

„Halt!" rief da Guste hinter mir.

Enttäuscht blieb ich stehen.

„Du mußt warten, bis es hält", sagte Guste, „so kannst du nicht einsteigen! Und Geld mußt du auch mitnehmen!"

Ich zappelte vor Aufregung. Endlich schwang der Mann die alte Glocke, das Karussell verlangsamte seinen Schwung. Und wieder strebte ich vorwärts. Und wieder rief Guste: „Halt!"

Ich wandte mich entsetzt um, Durfte ich nun doch nicht fahren? Hatte Guste es sich anders überlegt? Ja, aber in einer noch großzügigeren Weise!

„Steigt mal alle rauf!" befahl sie. „Das Geld reicht für uns alle!"

Na, wie wir auf diese stolzen Holzpferde losstürmten! Unser Hermann stolperte sogar vor lauter Hast und Aufregung und schlug sich das Näschen auf der obersten Stufe auf. Er wollte lauthals losheulen. Aber Guste drohte: „Wenn du brüllst, fährst du nicht mit!“ Da hielt er erschrocken ein, atmete tief auf und krabbelte auf Händen und Füßen zu dem ersehnten Schimmel. Guste hob ihn mit einem Schwung hinauf. Sie selber setzte sich auf den Rappen daneben und hielt mit weit ausgestrecktem Arm den Kleinen fest. Ich zog mich an einem Fuchs in die Höhe. Karl half mir mit einem Stoß von hinten hinauf. Er selber erkletterte einen Apfelschimmel, und hinter uns beiden thronten Alwine und Daniel treu vereint und eng umschlungen in einer mit rotem Samt ausgeschlagenen Kutsche. Auf ein Pferd hatten sich die beiden wohl nicht getraut. Und dann — bimlibim! — ging es los.

Oh, was schrien, was jauchzten wir alle sechs vor lauter Vergnügen, als wir so dahinflogen! Unsere Haare flatterten im Wind. Karl hielt mit einer Hand seine Mütze fest, mit der anderen hatte er den Kopf seines Reitpferdes umklammert. Immer rund-, immer rundherum! Immer schneller ging die Fahrt! Die bunte Welt flog an uns vorbei, Bäume, Buden, blauer Himmel, die Gesichter der Zuschauer. O wie stolz schauten wir jetzt auf sie hinunter! Und doch war ich inwendig auch wiederum bange. Und so merkwürdig wurde mir im Magen!

So — nun schwang die Runde aus! Bimlibim! Langsam, noch ganz benommen, kletterten wir vom Karussell hinunter. Wir waren noch wie berauscht von der wirbligen Fahrt.

Wenn einer einen Rausch hat, so ist es ihm meist

auch recht schlecht, und ich hätte auch am liebsten geklagt: „Mir ist so schlecht!“ Aber die anderen redeten so laut und begeistert durcheinander, als wären sie auch in einem Rausch, nur daß dabei weder ihr Magen noch ihre Stimme gelitten hatte. So laut waren sie, daß sie beinahe die kreischende Drehorgel übertönten und daß die Umstehenden, ja sogar die Fernstehenden auf uns lautes Kribbelkrabbelvölkchen aufmerksam wurden. Wir waren immerhin sechs mit lauten Wächterstimmen begabte Angehörige der Familie Wächter, die da durcheinanderredeten, lachten, riefen: „Gehen wir morgen nachmittag wieder hierhin, Guste? Dürfen wir morgen wieder Karussell fahren? Ja, Guste? Trägst du heute noch mehr Fleisch aus? Bekommst du dann wieder Geld dafür? Gibst du das fürs Karussellfahren aus, ja, Guste?“

So schwatzten wir aufgeregt durcheinander, und keine bedachtsame Mutter oder große Schwester mahnte zur Ruhe und Mäßigung. Ja, meine Geschwister waren anscheinend noch stolz, wenn sie von recht vielen als vermögende Karussellfahrer beachtet wurden.

„Vorwärts, runter! Haltet den Betrieb nicht auf!“ befahl der Karussellmann mit seiner rauhen Stimme und ließ seine Glocke laut und gellend ertönen.

Ich stolperte erschreckt die letzte Stufe hinab – oder hatte mich Alwine, die noch ängstlicher war als ich, vor lauter Eile gestoßen? Ich weiß es nicht. Ich hatte auch keine Zeit, die Ursache zu ergründen. Ich hätte damit ja auch nichts geändert. Woran? Nun, ich fiel vom Karussell hinunter und lag, so lang oder kurz ich war, auf dem feuchten Boden.

Guste packte mich so kräftig am Bein, als wenn

sie in Tantes Metzgerei mit Kalbshaxen hantierte, und schleuderte mich mit einem Schwung von dem Karussell fort, das sich wieder in Bewegung gesetzt hatte und dicht über meinem Kopf dahinsauste.

Daß ich aus Leibeskräften bei diesem Fall und der nachfolgenden unsanften Behandlung schrie, kann man mir wohl nicht verübeln. Ich schluchzte auch noch heftig, als wir uns dem Waldweg zuwandten, der von dem Platz aus talwärts und heimwärts führte.

Aber dann verstummte ich jäh und alle Plappertaschen und Schreihälse der Familie Wächter mit mir. Vor uns war wie aus dem Boden gewachsen eine dunkle Gestalt aufgetaucht. Onkel Daniel war es, der Vater unseres Vetters Daniel, der sich jetzt erschreckt hinter Gustes breitem Rücken versteckte.

Wir hätten uns ja fast denken können, daß wir hier Onkel Daniel begegneten. Aber wer denkt auch bei solch ausgelassenen Vergnügungen noch so weit, und wer denkt da überhaupt noch?

Onkel Daniel pflegte an schönen Samstagabenden geruhsam in diesem Wäldchen, das in der Nähe seiner Wohnung war, zu lustwandeln. Eigentlich ist der Ausdruck lustwandeln schlecht gewählt. Von irgendwelcher Lust wollte Onkel Daniel nie etwas wissen. Er war gewiß ein aufrichtiger Christ, aber er war einer von der Art, die unsere Erde nur als Jammertal betrachten, und er war keiner von der Art, die nach dem Psalmwort „durch das Jammertal gehen und daselbst Brunnen machen". Es hätten bei ihm schon Tränenbrünnlein sein müssen. Ich nahm gern Reißaus, wenn dieser düster blickende Mann bei uns auftauchte, um sich mit Vater und Onkel Ferdinand in Vaters Kämmerlein in die Heilige Schrift zu vertiefen, wobei er sich am liebsten mit den erschreckenden Prophezeiungen für die Endzeit beschäftigte und dabei zu beweisen trachtete, daß sie nahe vor der Tür stände.

Diesmal aber konnte ich ihm nicht ausweichen, und mit verweinten und entsetzten Augen starrte ich zu ihm auf.

„Annchen, Annchen“, sagte er mit ernster Stimme, „du bist nicht nur äußerlich durch diesen Fall beschmutzt, sondern auch inwendig. Hüte dich, daß in deinem späteren Leben ein Fall vom Karussell der Welt nicht noch schwerwiegendere Folgen für dich haben möge! Und nun voran mit euch zu euren Eltern, auf daß wir hier nicht noch mehr Aufsehen und Ärgernis erregen!“

Darin hatte Onkel Daniel unbestritten recht: es hatten sich schon einige Neugierige um unser verschüchtertes Häuflein geschart, vor dem der düstere, schwarzgekleidete Mann ragte.

Kleinlaut und jetzt sehr still schlichen wir hinter ihm drein zu Tal. Wir ließen die Köpfe hängen wie verurteilte Schwerverbrecher. Nur unsere derbe Guste, die durch ihre Arbeit in dem Metzgereibetrieb noch derber geworden war, schaute mit starren Augen trotzig auf Onkel Daniels schwarzen Rücken vor ihr. Sie murmelte auch ziemlich deutlich einiges vor sich hin, aber vergnügt und unternehmungslustig war sie auch nicht mehr. Ob sie sich über Onkel Daniels Strafpredigt ärgerte? Ob sie das leichtsinnig ausgegebene Geld bedauerte? Oder ob sie das Strafgericht, das dieser Vergeudung folgen würde, bedachte? So tapfer wie sonst zeigte sie sich nicht, als wir zu Hause ankamen.

Ehe Onkel Daniel in seiner würdevollen Art die Stufen zur Eingangstür hinaufgestiegen war, hatte sie schon durchs Küchenfenster hineingerufen: „Ich muß noch mal in die Stadt, muß noch zwei Körbe voll Fleisch austragen! Ich esse heute abend bei Tante Ewertsbusch."

Und klapp, klapp! sauste sie bergab, ehe Onkel Daniel Einspruch erheben konnte. Ehe sie selber aber Einspruch erheben konnte, sauste Alwine hinter ihr her mit einem lauten Abschiedsruf an uns Hinterbliebene: „Ich helfe Guste Fleisch austragen!"

„So", sagte Karl zu mir, so niedergeschlagen, als wären wir wirklich leidtragende Hinterbliebene, „an uns beiden bleibt es wieder hängen." Mir war es noch so flau, daß ich beim besten Willen nicht hätte hinter Guste drein rennen können.

Aber wir hatten Glück im Unglück. Vater war nicht zu Hause. Und Mutter war weder in der Küche noch in der Stube, sondern in ihrem geliebten Kräuterkämmerchen neben der Küche. In diesem kleinen Raum zu werken, das war ihr so eine rechte geruhsame Samstagnachmittagsfreude. Da hing ein Leinenbeutel neben dem anderen. Auf jedem war mit rotem Stilstich gestickt, was er enthielt: Kamillen, Pfefferminze, Fliederblüten, Schafgarbe, Wermut und noch eine Anzahl andere. Und alle diese Kräutlein, die Mutters oft erprobte Hausapotheke bildeten, waren selbst gesucht, selbst getrocknet und wurden von Mutter ebenso sorgsam in diese Säcklein gefüllt und dann und wann überprüft. Bei dieser Arbeit ließ sich Mutter, wie sie einmal lachend sagte, noch nicht einmal vom Kaiser von China stören. Also auch nicht an diesem Abend von Onkel Daniel. Er mußte sich schon bequemen, zu ihr in das eigenartig duftende Kämmerlein zu treten, und darin war es viel zu eng, daß wir drei Angeklagte, Karl, der kleine Daniel und ich, noch hätten folgen können.

Nun, wir waren nicht traurig darum. Fortzulaufen, das trauten wir uns aber auch nicht. Wir drückten uns auf die Bank neben dem Küchenherd. In die Stube, die im sonntäglichen Putz glänzte, ließ uns Emma nicht, und wir hatten auch kein Verlangen dorthin. Wir lauschten ängstlich. Aus dem Kräuterkämmerchen, dessen Tür Onkel Daniel wohl wegen des starken Geruchs nicht ganz geschlossen hatte, drangen seine und Mutters Stimme. Bruchstücke der Unterhaltung konnten wir verstehen.

„Ich habe wohl gehört, was deine aufsässige Guste hinter mir her gemurrt hat", grollte Onkel Daniel. „Ist doch keine Sünde, sich auf so einem Holzgestell ein paarmal rumzuschwingen, hat sie gebrummt. Ich aber sage: Wehret den Anfängen!"

„Du hast vollkommen recht, Daniel", begütigte Mutter, „aber Guste glaubt auch, recht zu haben. Wenn die Kinder hier vor dem Haus sich auf einem alten Balken herumschwingen, so wird das niemand als Sünde verurteilen. Und doch ist dies gleiche Vergnügen auf dem Kirmesplatz die erste Versuchung, der erste Schritt in die Welt hinein, vor der wir unsere Kinder bewahren möchten. Können wir sie aber mit Strafen und Verboten davor bewahren? Wir müssen statt dieser Freuden andere, bessere Freuden bieten, daß es sie gar nicht mehr nach dem Kirmesrummel verlangt."

Ich verstand Onkel Daniels dumpf gemurmelte Entgegnung nicht. Mutters helle Stimme setzte wieder ein. „Gewiß, Daniel", sagte sie, „aber schon der Apostel Paulus schreibt den jungen Christen, er müsse ihnen anstatt starker Kost vorerst noch Milch reichen. Ist für unsere Kinder das alleinige Bibellesen und Chorälesingen nicht auch noch zu starke Kost? Müssen wir nicht auch für Milch sorgen? So ein Glas leckere Milch im Elternhaus läßt sie abgestandene Kirmeslimonade gewiß vergessen und verachten."

Onkel Daniel zog mit einem kräftigen Ruck die Tür des Kräuterkämmerchens zu. Wir hörten nichts mehr von der Unterhaltung, die drin weitergeführt wurde.

Als die beiden nach einer Weile heraustraten, machte Onkel Daniel ein Gesicht wie ein Aprilhimmel, der nicht weiß, ob er regnen, hageln oder niederschlagsfrei sein soll. Mutters Gesicht war wie immer gleich einem klaren Sommerhimmel. Sie strich dem verschüchterten kleinen Daniel über den Kopf und sagte: „Morgen nachmittag seid ihr bei uns zu einer Feier eingeladen."

Der große Daniel runzelte die Stirn und entgegnete: „Meines Wissens habt ihr aber zur Zeit keinen Geburtstag in eurer Familie."

„Nein", erwiderte Mutter fröhlich, „dreizehn Geburtstage im Jahr, das wäre auch zuwenig Grund zum Feiern. Wir machen es wie unser guter Hausfreund Matthias Claudius."

„Matthias Claudius?" staunte Onkel Daniel, „den habe ich ja noch nie bei euch angetroffen!"

„Ja, leider weilt er nicht mehr in diesem Leben", erklärte Mutter, „ich freue mich schon, ihn später im anderen Leben persönlich kennenzulernen. Seine

Lieder und Gedichte aber kenne ich, und was er sonst noch geschrieben hat, das war mir oft schon Trost und Ermunterung und Erbauung. Und wie er mit seiner Frau Rebekka und seinen elf Kindern Feste eingeführt hat, so machen wir's auch mit unseren elfen. Wenn bei Claudiusens auch oft Schmalhans Küchenmeister war, und wenn sie sich kärglich von seinen schriftlichen Arbeiten und von ‚Befiehl du deine Wege', wie er sagt, ernährten, gefeiert wurde doch bei ihnen, daß es eine Lust war. Da war das Knospenfest, der Maimorgen, der Grünzüngel, wenn die ersten Erbsen gepflückt wurden, der Herbstling mit dem ersten Bratapfel, der Eiszäpfel. Und wir feiern morgen das Fest der ersten Erdbeere."

Der große und der kleine Daniel starrten meine Mutter an, als wenn sie sich in den Riesen Goliath oder wer weiß was verwandelt hätte. Da lachte sie hellauf und strich dem kleinen Daniel noch einmal über den Kopf.

„Mußt aber nicht meinen, daß du dich morgen dicke satt an Erdbeeren essen darfst", scherzte sie. „So weit sind sie noch gar nicht, und so viel hab' ich auch nicht übrig. Aber ich habe vorhin festgestellt, daß bis morgen die erste Erdbeere reif ist, und das gibt natürlich eine großartige Feier."

Ja, es gab wirklich eine großartige Feier an jenem Sonntagnachmittag. Der ganze Garten war voll Lachen, Singen, Jubel, Sonne und Freude. Wir machten einen Festzug die Buchsbaumwege auf und ab, wir sangen, was wir nur singen konnten, wir spielten alle möglichen Spiele. Mutter war immer mitten dazwischen. Vater schaute von dem Platz unter dem Holunderstrauch aus zu, und wirklich, Onkel Daniel war auch gekommen samt dem kleinen Daniel, seinen Töchtern Milchen und Malchen und seiner Frau.

Wahrscheinlich wollte er unser Treiben kritisch betrachten. Aber sein saures Gesicht wurde nach und nach süßsauer, und dann — nun, süß konnte man es nicht gerade nennen, aber immerhin genießbar.

Ja, er beteiligte sich sogar an einem großen Fragespiel. Ich muß aber gestehen, daß ich heute noch nicht die Antworten auf die Fragen weiß, die er stellte, wenn ich nicht in der Bibel nachschlage. Immer wieder vergesse ich, wie die drei Männer im feurigen Ofen, die Freunde Daniels, geheißen haben, und wer die drei Helden Davids waren, die ihm Wasser aus dem Lager der Philister holten.

Aber dies betrübt mich heute nicht und an jenem Nachmittag erst recht nicht. Mein Herz war so voll Freude, daß es mir beinahe weh tat. Erst spät am Abend, als ich schon zu Bett lag, fiel mir die Kirmes und das Karussell wieder ein, und da schämte ich mich gründlich, daß ich an der quiekenden Drehorgel, den zerstoßenen Holzpferden, den verschlissenen Samtsätteln überhaupt hatte Vergnügen haben können und mich von dem armen müden Pferd hatte ziehen lassen.

Ich war so voll davon, daß diese Sonntagsfreude in unserem Garten doch etwas ganz anderes, die richtige Freude gewesen war, daß ich es unbedingt noch Mutter sagen mußte. Gewiß war sie noch auf und genoß am Tagesende ihre letzte stille Stunde allein für sich in der Wohnstube.

Ich schlüpfte aus dem Bett und huschte hinüber. Ach, das Licht war schon aus. Schon wollte ich enttäuscht umkehren. Da sah ich eine dunkle Gestalt am offenen Fenster stehen. Ja, es war Mutter. Sie schaute auf die Lichter der Stadt hinab, nein, zu dem Sternenhimmel hinauf. Aber sie hatte mich doch bemerkt, und ohne sich umzudrehen, wußte sie, welches ihrer Kinder ins Zimmer getreten war.

„Komm, Annchen!" sagte sie leise, „sieh dir die Sterne an! Ich will dir ein Gedicht von Matthias Claudius dazu sagen:

Ich sehe oft um Mitternacht,
wenn ich mein Werk getan
und niemand mehr im Hause wacht,
die Stern am Himmel an.

Sie gehn da, hin und her zerstreut,
als Lämmer auf der Flur,
in Rudeln auch und aufgereiht
wie Perlen an der Schnur.

Und funkeln alle weit und breit
und funkeln rein und schön;
ich seh die große Herrlichkeit
und kann mich satt nicht sehn.

Dann saget unterm Himmelszelt
mein Herz mir in der Brust:
Es gibt was Beßres in der Welt
als all ihr Schmerz und Lust.

Ich werf mich auf mein Lager hin
und liege lange wach
und suche es in meinem Sinn
und sehne mich danach."

Ich hatte atemlos gelauscht und mich dabei eng an Mutter gedrückt. Ich fror nicht. Es war eine warme Sommernacht.

„Nun aber schnell wieder ins Bett!" mahnte dann Mutter, „was du mir noch sagen wolltest, darfst du mir morgen erzählen, wenn wir im Garten arbeiten. Vergiß diese Sternennacht nicht, Annchen, und wenn du später einmal die Kirmespracht der Welt erleben solltest, so denke daran: Es gibt was Besseres in der Welt!" –

Es ist mir heute fast, als hätte Mutter vorausgesehen, wie sich mein Leben gestalten würde. Ich habe später viel Kirmestrubel und Flitterpracht dieser Welt gesehen. Ich bin sogar mitten darin gewesen. Aber immer wieder, wenn ich in Gefahr war, mich darin zu verlieren, hörte ich Mutters Stimme: „Es gibt was Besseres in der Welt!" Und dann sehnte ich mich und strebte nach diesem Besseren.

Oh, ich erinnere mich noch, wie ich als junges Ding einmal zu einem Kostümfest der Düsseldorfer Künstlervereinigung „Malkasten" mitgenommen wurde. Was war da eine Farbenpracht, was jubelten da die Geigen, was jubelten die Menschen! Und ich war mitten unter ihnen, ich jubelte mit, bis ich wieder – ganz plötzlich in all dem Trubel Mutters Stimme hörte: „Es gibt was Besseres in der Welt!" Da bin ich hinausgelaufen aus dem strahlend erleuchteten Saal, habe meinen Mantel in der Garderobe geholt und bin allein durch die Nacht nach Hause gegangen. Und über mir war der Sternenhimmel, unter dem ich bittere Tränen vergoß, weil ich beinahe dies Bessere, was mich meine Mutter gelehrt hatte, vergessen hätte.

Onkel Daniel aber hat auch wohl etwas vorausgeahnt. Ich bin wirklich noch einmal vom Karussell gefallen, und dieser Fall hat schwerwiegende Folgen für mich gehabt.

Ein einziges Mal bin ich noch auf einem Karussell gewesen. Ich war damals ein junges Mädchen, und es war nicht in meiner Heimat, sondern in einem westfälischen Dorf, in dessen Nähe Gustes Mann ein Gut gepachtet hatte. Als ich an jenem Julimorgen aus der Kirche kam, sollte gerade das Karussell seine erste Fahrt zur Eröffnung der Kirmes machen. Die Ehrengäste, Bürgermeister, Lehrer, Apotheker und andere gewichtige Leute, sollten die erste Runde nach altem Brauch machen. Mich zog unser guter Sanitätsrat mit hinauf, um mir eine besondere Ehre zu erweisen.

So ungern bin ich ihm gerade nicht gefolgt. Aber wie ich da oben in einer der Samtkutschen saß, da fiel mir auf einmal mein Kindheitserlebnis ein. Ja, es war mir sogar, als stände in der Ferne die hohe dunkle Gestalt Onkel Daniels und sähe mir mißbilligend zu. Ich beeilte mich dann sehr, vom Karussell herunterzukommen. Ja, und da geschah es. Ich trat in mein Kleid, damals waren unsere Röcke ja noch nicht fußfrei oder sogar kniefrei. Und da lag ich in all meiner sonntäglichen Pracht in der Pfütze, die sich nach dem letzten Gewitter auf dem Kirchplatz gebildet hatte. Es wurde mir von hilfreicher Hand zwar rasch in die Höhe geholfen, aber wie sah ich aus! Das wunderschöne grüne Kleid mit den gelben Spitzen war von oben bis unten voll Schmutz. Ich hätte laut weinen mögen. Und das Mitleid der Umstehenden, worin sich vielleicht auch noch etwas Schadenfreude mischte (war ich doch so städtisch elegant!), das regte mich erst recht auf.

Ich rannte in das nächste Haus, das breit und behäbig der Kirche gegenüberstand. Von der ebenso breiten und behäbigen Hausfrau erbat ich mir irgend etwas, um mich zu säubern. So konnte ich ja unmöglich mit meinem Schwager durch das sonntäglich und kirmesmäßig geputzte Dorf nach Hause fahren.

Die gute Frau holte mir hilfsbereit eine große Schüssel voll Wasser, ein junges Mädchen brachte einen riesigen Fensterschwamm, der wohl vor der Kirmes zum Hausputz benutzt worden war. Ich wußte nicht so recht, wie ich mich mit dem Ungetüm säubern sollte. Ich schaute an mir herunter, wieder herauf, und da bemerkte ich in der geöffneten Tür wieder die schlanke dunkle Gestalt, die ich beinahe für Onkel Daniel gehalten hätte. Der Onkel war es natürlich nicht, sondern ein junger Mann in Soldatenuniform, ein Urlauber also, der wohl der Sohn des Hauses war. Und er schaute nicht strafend und düster, sondern er lachte harmlos, wenn auch in diesem Lachen ein wenig Mitleid oder Schadenfreude oder gar der Vorwurf verborgen war: Warum bist du auch aufs Karussell gestiegen? Gehörtest du dahin?

Oh, und da kam es über mich! Mein Ärger, meine Scham, ach, ich weiß nicht, was da alles in mich gefahren war. Ich bückte mich, hob den dicken, nassen Schwamm aus der Schüssel und — — „Was haben Sie dazustehen und mich auszulachen!" rief ich, und patsch! warf ich dem jungen Soldaten den Schwamm ins Gesicht. Und dann erging es mir wie meiner Mutter, als sie einmal auf den Tisch klopfen wollte, um uns Kinder zur Ruhe zu mahnen, und dabei die Lampe zerschlug. Die arme Mutter, die nach einem anstrengenden Waschtag nur den Frieden unter ihrer lärmenden, zankenden Kinderschar herstellen wollte, hatte nur aus Versehen die Lampe getroffen und war doch weinend zusammengebrochen und hatte geklagt: „Wie konnte ich so versagen!"

Meine Schuld war größer, unmeßbar größer. Es war gar nicht zu entschuldigen, wie ich mich da benommen, wie der Zornteufel in mir überhand genommen hatte. Und nun weinte ich auch, schluchzte herzzerbrechend.

Daraus ist dann noch eine lange Geschichte geworden, und die Folge dieses Sturzes vom Karussell war wirklich schwerwiegend. Diese Geschichte hat fast ein halbes Jahrhundert gedauert. Ein Jahr darauf habe ich mich mit diesem jungen Westfalen verlobt, und zwei Jahre später feierten wir Hochzeit: Annchen Wächter und Wilhelm Wienbruch.

DER SCHATZ IM ARMENHÄUSER BUSCH

Meine Mutter erzählte: Wenn man mich fragen würde, welches der Feste, die ich in meinem langen Leben feiern durfte, das schönste gewesen sei, so würde ich heute noch ohne Bedenken sagen: Meiner Eltern Silberhochzeit! Eigentlich müßte ich sagen: Meiner Mutter Silberhochzeit, denn wenn ich daran zurückdenke, so steht Mutter im Mittelpunkt dieses Tages. Mittelpunkt, das war sie eigentlich immer für uns elf Kinder, wenn sie selber und wir als ihre getreuen Trabanten uns auch immer gehorsam nach Vaters Befehlen und Wünschen richteten. Aber sie war nun einmal unbedingt unsere Sonne, so wie sie wiederum von sich sagte:

> Die Sonne, die mir lachet,
> ist mein Herr Jesus Christ;
> das, was mich singen machet,
> ist, was im Himmel ist.

Und so fragten wir auch schon Monate vor dieser Silberhochzeit: Wie können wir M u t t e r eine Freude machen? Es sollte ihr schönstes Fest werden, nahmen wir uns vor, und wie sie uns mit strahlenden Augen versicherte, war es auch ihr schönstes Fest, und somit stimme ich zu meiner Freude einmal wieder in meiner Beurteilung mit Mutter überein.

Gewiß, sie mag wohl oft eine Freude bekundet haben, die in Wirklichkeit gar nicht so groß war, bloß um uns Kindern für ein Geschenk, eine Überraschung zu danken und wiederum eine Freude zu machen, und das wird wohl die einzige winzige Unwahrhaftigkeit in ihrem wahrhaften, klaren Leben gewesen sein. Wenn man es überhaupt so nennen darf, denn gefreut hat sie sich bestimmt immer, auch über das mißratenste Geschenk, schon um der guten Meinung des Gebers willen.

Aber diesmal freute sie sich nicht nur unseres guten Willens wegen, sie übertrieb auch nicht aus mütterlicher Liebe ihre Freudenbezeugungen, nein, sie war wirklich, umgeben und umhüllt von der Liebe ihrer Kinder — wie von einem einzigen Freudenschein von innen heraus erleuchtet, von außen umglänzt, und wenn ich mich heute ihrer erinnere, so sehe ich sie am liebsten wie an diesem Silberhochzeitstag: ihre Augen strahlten, daß man beinahe ihre Farbe nicht erkennen konnte, ab und zu schimmerten auch glitzernde Perlen darin, ihre Wangen glühten, und wie sie beim Kaffeetrinken und bei den folgenden Spielen lachte!

Karl stieß mich an und flüsterte: „Mutter ist die Schönste!" Und ich nickte beifällig. Nur Emma, unsere Älteste, die ihr so glich, war an diesem Tag so schön oder beinahe so schön wie Mutter.

Auch unser sonst so ernster Vater stellte das fest und sagte — nicht flüsternd, sondern laut und stolz: „Mutter ist heute die Schönste und Jüngste!"

Da lachte sie hellauf, wie ich sie eigentlich nie in Gegenwart ihres Mannes hatte lachen hören, der mir immer so ernst und dunkel erschien wie seine strengen, düsteren Augen.

„Ja", sagte sie, „d a s hält jung!" Und damit nahm sie mit einem Schwung unseren Jüngsten, den vierjährigen Hermann, auf den Schoß, und der kleine Blondkopf krähte vor Vergnügen und schlug mit dem Kaffeelöffel in Mutters Tasse, daß der braune Trank aufspritzte.

„Aber Hermann, Mutters gutes Kleid!" rief Minchen entsetzt; aber Mutter begütigte: „Laß ihn, heute sollen sich alle freuen!" Und dann schlug sie selber gegen die Tasse, daß es klirrte, und sang mit ihrer hellen Stimme, und wir fielen alle begeistert ein:

Laßt die Herzen immer fröhlich
und mit Dank erfüllet sein,
denn der Vater in dem Himmel
nennt uns Seine Kinderlein.
Immer fröhlich, immer fröhlich . . .

„Hach", sagte unsere Guste mit einem tiefen Aufatmen, als wir fertig gesungen hatten und sie einmal wieder aus der alten Riesenkanne, der „Dröppelminna", Kaffee einschüttete, „was sind wir eine fröhliche Familie!"

Ja, und diese Fröhlichkeit war ganz ohne Alkohol zustande gekommen, und alles, was aufgetischt und mit herzhaftem Appetit verzehrt wurde, das waren keine ausgefallenen, teuren Leckerbissen, wie es heutzutage bei vielen Feiern Brauch ist; es gab einfachen, selbstgebackenen Kuchen zu dem Kaffee, der durchaus nicht von schier Bohnen gekocht war und bei dem mehrmals unbekümmert auf den Satz, den „Drost", aufgeschüttet wurde. Den Braten zum Mittagessen und die Würste für die belegten Brötchen des Abendessens hatte Guste aus Onkel Ewertsbuschs Metzgerei, wo sie seit einigen Jahren half, mitgebracht. Sie hatte einige Monate lang dafür Überstunden gemacht.

Die Geschenke, die allseitig von Tanten und Onkeln, Freunden und Nachbarn bewundert wurden, waren auch keine Kostbarkeiten, das heißt Kostbarkeiten waren sie eigentlich doch. Ich hebe heute noch die kunstvoll gestickten kleinen Perlkissen auf, die Minchen angefertigt hatte, und der Spruch, den Emma auf Stramin gestickt hatte, wird auch noch in Ehren gehalten, und ich weiß ihn noch sehr gut: „Er segnet, die den Herrn fürchten, Kleine und Große." An Geldeswert jedoch waren alle Geschenke gering, auch wiederum im Gegensatz zu dem, was man heute zu schenken pflegt.

Die Worbereitungen für das Fest waren natürlich auch ohne fremde Hilfskräfte vollbracht worden. Guste, deren Stärke und Lieblingsbeschäftigung nun einmal das Putzen, Schrubben und Scheuern war, hatte sich die letzten acht Tage frei genommen und hatte das ganze Haus unter Fluten von Seifenlauge gesetzt. Sie hatte mit dem ihr eigenen Lärm und ihrem den Lärm noch übertönenden Gesang Dielen wie Töpfe und Pfannen gescheuert, Fenster geputzt und Messing- und Kupfergeräte poliert, wobei wir jüngeren Geschwister ihr natürlich helfen mußten. Sie wirkte und sang mit einer Hingabe, daß Mutter oft lächelnd den Kopf schüttelte und dann und wann Vater bittend ansah: „Schilt nicht, wenn sie zuviel Lärm macht, sie tut's aus einem Herzen voller Liebe!"

Als Guste das „Gröbste", wie sie stolz meldete, erledigt hatte, begann Minchens Tätigkeit. Minchen war seit einigen Jahren bei den Töchtern des Kommerzienrats Wittenstein als Zofe. Sie hatte allerlei feine Künste, wie man sie in solcher Stellung in einem vornehmen Hause braucht, gelernt, und nun stellte sie ihre geschickten, zierlichen Fingerchen auch in den Dienst der Silberhochzeit. Sie nähte neue Mullvorhänge, bügelte sie, rüschte sie, daß es nach Karls Ansicht „mehr als Staat" war. Sie kommandierte am Tag vor dem Fest mit ihrer hohen Stimme an uns Jüngeren herum, wie wir die Tische und Stühle im Wohnzimmer, der guten Stube und dem ausgeräumten Kinderschlafzimmer stellen und rücken sollten, und dann kam, wie Karl mir zuraunte, „der ganz feine Kommerzienrats-Pli": Sie hatte Preiselbeerblättchen kunstvoll mit Silberbronze bestrichen und legte daraus einen noch kunstvolleren Schmuck auf die blütenweißen Tischtücher. „Tafeldekoration" nannte sie das mit vornehm gespitztem Mäulchen, und als Karl aus Versehen – oder gar mit Willen – mit dem Ärmel daran streifte und eine der mühsam gelegten Ranken in Unordnung geriet, jammerte sie derart, daß Vater aus seinem Stübchen kam und fragte, ob etwa eine der guten Tassen entzweigegangen wäre.

„Mach's nur nicht zu vornehm!" mahnte er dann, „wir wollen eine einfache Familie bleiben, wenn wir auch von ebenso guter Herkunft sind wie deine Kommerzienrats." Und damit zog er sich wieder zurück, und diesmal schüttelte e r den Kopf. Minchen aber hob ob dieses väterlichen Unverständnisses ihre schönen dunklen Augen (die sie übrigens von ihm geerbt hatte) zur Zimmerdecke auf. Diesen „Martyrerblick", wie ihn Guste unehrerbietig nannte, verstand unsere Zweitälteste ausgezeichnet.

Unauffälliger und still arbeitete unterdessen unsere Emma für das Fest. Aber sie leistete darum nicht weniger als die laute Guste und die feine Minchen. Im

Gegenteil! Heute noch bewahre ich eine Bluse auf, die sie genäht hat, Stichchen an Stichchen, so gleichmäßig und genau, als wäre sie mit der Maschine verfertigt. Und so sorgfältig nähte Emma in diesen Tagen ein wunderschönes Seidenes für Mutter und dazu für uns sieben Mädchen je ein neues Kleid. Halt, nein, das stimmt nicht ganz! Unser vornehmes Minchen hatte sich selber ein kaffeebraunes mit viel Rüschen, Fältchen und Bändchen gemacht. Sie hatte ja reichlich Zeit, wenn sie oft bis spät in die Nacht auf die jungen Damen, die sie zu Festlichkeiten begleitete, in irgendeinem Vorzimmer warten mußte, um ihnen während einer Pause rasch die aufgetürmten Locken wieder zurechtzustecken oder eine frische Blume anstatt der verwelkten hineinzuheften.

Sieben Kleider waren es also nicht. Nur sechs? Nein, nur fünf, denn für sich selber hatte Emma auch keines gemacht. Sie sagte, ihr gutes Blaues ginge noch, besonders wenn sie es mit neuen Seidenrüschen ausstattete. In Wirklichkeit aber war es so, und das wußten wir alle, sprachen aber nicht dagegen, weil wir es nicht ändern konnten: Emmas Freundin hatte wieder einmal ausgeholfen, aber nicht nur mit Stoffresten, womit sie uns oft aus ihres Vaters Geschäft versorgte, und woraus Emma immer noch irgend etwas zu zaubern verstand: Kragen, Passen, verlängernde Säume oder Ärmel. Diesmal kam Emma eines Abends mit einem ganzen Ballen kornblumenblauen Stoffes den Berg hinan. Adeles Vater hatte ihn ihr für einen Spottpreis überlassen, weil irgendwo ein Farb- oder Webfehler darin war. Nun, das würde in den fertigen Kleidern dank Emmas Geschicklichkeit nicht auffallen, und wenn auch, so würde das unsere

Freude an dem neuen „Staat“ und der Silberhochzeit nicht beeinträchtigt haben.

Nur eines trübte insgeheim unsere Freude: daß der Stoff nicht auch für ein neues Kleid für Emma gereicht hatte. Als ich das einmal zu Emma äußerte, strich sie mir lachend über den Kopf und sagte: „Darum mach dir keine Sorgen, Kleines! Du weißt doch, daß es nicht auf den auswendigen Schmuck ankommt! Wenn ich nicht betrübt bin, brauchst du es erst recht nicht zu sein. Mein Blaues ist noch sehr gut, und es paßt auch zu euren Kleidern. Meinst du denn, ich hinge mir zwei Blaue in den Schrank? Ich bin viel zu eitel, um immer dieselbe Farbe zu tragen.“

„Du bist eitel?“ fragte ich und staunte die große Schwester an.

„Ja“, sagte Emma und lachte noch herzlicher, „hast du das noch nicht gemerkt? Ich bin doch ein Königskind!“ Ich wußte nicht, was ich davon halten sollte, und schaute sprachlos hinter ihr her.

Als Karl und ich später für Tante Berta die Milch holten, wofür wir zwei Pfennig die Woche bekamen, erzählte ich ihm davon. Karl war immer mein Vertrauter. Er war mir im Alter auch am nächsten und hat mich mit seinen derben Jungenfäusten oft gegen andere Kinder verteidigt, so wie ich ihn mit meiner gewandteren Zunge manchmal gegen Erwachsene verteidigte und in Schutz nahm.

„Emma ist nicht eitel“, sagte Karl bedächtig, „denk dir mal, wie du heulen würdest, wenn du zur Silberhochzeit ein altes Kleid anziehen müßtest und die anderen alle neue hätten! Und unser Mamsellchen, die Minchen, erst, die ist noch eitler als du! Aber Emma, die lacht darüber.“

„Aber noch mehr lachen würde sie doch, wenn sie auch ein neues Kleid hätte", entgegnete ich leicht gekränkt. Und dann fügte ich nachdenklich hinzu: „Wenn wir ihr doch eins besorgen könnten!"

Karl blieb stehen und schaute mich an. Ich sehe ihn noch in dem grauen Novembernebel vor mir. Ich weiß nicht, ob er sich vor lauter Nachdenken über die Nase oder vielmehr unter der Nase her wischte, oder weil sie wirklich in dem feuchtkalten Wetter tröpfelte oder – weil es leider seine nicht gerade schöne Angewohnheit war. Weil es aber seine Angewohnheit war, die auch Emma kannte, hatte sie ihm zwei blanke und auch harte Knöpfe auf die Ärmel genäht, genau auf die Stelle, womit er zu wischen pflegte.

„Au!" klagte Karl einmal wieder wie so oft, als er damit unter der Nase her schrubbte. Ich lachte nicht. Ich sah ihn teilnahmsvoll an.

„Das ist zum Abgewöhnen!" tröstete ich.

„Ja, es ist aber nicht schön von Emma", murrte er.

„Es ist auch nicht schön von dir, wenn du dir die Nase immer am Ärmel abputzt", verteidigte ich die große Schwester. „Ganz glänzend und schmierig wird er davon. Emma hat ganz recht gehabt, daß sie dir die Knöpfe dahin genäht hat. Du brauchst ihr darum nicht böse zu sein."

„Bin ich auch nicht", antwortete Karl kleinlaut. „Wenn ich könnte, würde ich ihr gern ein neues Kleid besorgen. Aber ich habe ja kein Geld."

„Ich auch nicht", sagte ich ebenso kleinlaut. „Alles, was in der Sparbüchse war, habe ich für die Wolle für Vaters Pulswärmer und Mutters Halstuch ausgegeben. Und nun ist schon bald Weihnachten!"

Wir trotteten bekümmert weiter durch den Novembernebel. Nach einer Weile faßte Karl meine Hand fester. Das tat er jeden Abend, wenn wir in das kleine Wäldchen, den Armenhäuser Busch, traten, an dessen Ende unser Milchbauer wohnte. Karl war trotz seiner kräftigen Fäuste, mit denen er tüchtig dreinhauen konnte, kein tapferer Junge. Ich erkläre mir das heute so, daß er vor allem, was er im hellen Tageslicht sehen und packen konnte, nicht bange war, wohl aber vor allem, was im Finstern schleicht, vor allem Unheimlichen. Vielleicht rührte das von den Gruselgeschichten her, die unsere Nachbarin uns manchmal erzählte. Deshalb ging auch Karl abends nicht gern Milch holen. Wie oft sagte Mutter: „Aber, Karl, du bist doch ein solch großer Junge! Laß doch das kleine Annchen bei diesem Wetter zu Hause!" Und ich höre ihn immer noch erbärmlich bitten: „Laß Annchen mitgehen!" Und ich höre mich selber ebenso inständig flehen: „Laß mich mitgehen, Mutter! Das Wetter ist gar nicht schlecht, und ich bin gar nicht bange!" Und dann strich mir Mutter über den Kopf und sagte: „Bist mein tapferes Kind!" Und ich wurde sorgfältig von ihr in ihr dickes schwarzes Umschlagtuch gewickelt, daß nur noch meine kleine Nasenspitze heraussah. O wie stolz und glücklich war ich, wenn ich in Mutters Tuch steckte. Es rieselte mir immer ein wundervoller Schauer über den Rücken, wenn sie es mir hinten festknotete. Drollig muß ich darin ausgesehen haben, wenn die Fransen bis fast auf den Boden streiften. Und so trappte ich dann Hand in Hand mit meinem Bruder los durch Wind und Wetter, Regen, Schnee und Glatteis – für zwei Pfennig die Woche!

An diesem Abend war es nun ein dicker Novembernebel, durch den wir gehen mußten. Es war wirklich unheimlich zwischen den Bäumen und Büschen des Waldes. Manchmal sah es gerade so aus, als wenn schwarze Gestalten in dem Nebelgrau ständen und lange Arme nach uns ausstreckten. Ich konnte verstehen, daß Karl meine Hand so fest drückte.

„Wo ich gehe, wo ich stehe, ist der liebe Gott bei mir", sagte ich vor mich hin, und dann äußerte ich lauter: „Ich bin gar nicht bang!" Ich weiß nicht, ob ich Karl oder mir selber damit Mut machen wollte.

„Ich bin auch gar nicht bang!" versicherte Karl und preßte meine Hand noch fester. Und, wie um seine Furchtlosigkeit zu beweisen, fuhr er fort: „Ich weiß jetzt, wie wir Emma ein neues Kleid besorgen können."

„Wie denn?" fragte ich gespannt und vergaß darüber, weiter zu überlegen, ob ich bange sei oder nicht.

„Wir müssen einen Schatz ausgraben", erklärte Karl feierlich. Er blieb dabei stehen und rollte seine blauen Augen.

„Einen Schatz ausgraben?" rief ich erschrocken. „O Karl, meinst du, wir sollen es so machen wie der Schatzgräber, von dem Lenchen ein Gedicht lernen mußte? Ich kann den Anfang noch, weil sie es so oft vor sich hin sagte, bis Alwine weinte, weil sie sie damit bei ihren Rechenaufgaben störte. Wie hieß es noch?

Arm am Beutel, krank am Herzen,
schleppt ich meine langen Tage.
Armut ist die größte Plage,
Reichtum ist das höchste Gut!
Und zu enden meine Schmerzen,
ging ich, einen Schatz zu graben.

So ähnlich lautete es. Aber dann kam etwas vom Teufel darin vor, der sollte helfen. Und mit dem will ich nichts zu tun haben."

„Denkst du ich etwa?" fragte Karl entrüstet. „Ich meine das auch ganz anders. Hör mal gut zu! Lehrer Werner hat uns im Geschichtsunterricht erzählt, in Kriegszeiten hätten oft Leute ihr Geld und ihre Schätze vergraben. Später hätten sie sie aber nicht wiedergeholt, weil sie inzwischen geflohen oder gestorben waren. Neulich erst hat ein Bauer beim Pflügen solch einen Schatz in seinem Acker gefunden, einen Kupferkessel voll Goldstücke. Solch einen Schatz müssen wir nun auch finden und dann unserer Emma bringen."

„Aber woher sollen wir denn wissen, wo solch ein Schatz vergraben ist?" wandte ich schüchtern ein.

„Bestimmt hier im Armenhäuser Busch!" versicherte Karl. „Das ist ganz klar, daß die Leute nicht unten in der Stadt oder auf freiem Feld ihr Geld vergruben. Da hätten ihnen ja andere zusehen können."

„Aber wir können doch nicht den ganzen Wald umgraben", wagte ich wieder dagegenzusprechen.

„Du bist heute abend richtig dumm!" schalt Karl großspurig; „natürlich haben die Leute ein Zeichen oben an den Baum geritzt, unter dem sie den Schatz versteckt haben. Da klettere ich morgen nachmittag eben auf die Bäume und schaue nach."

„Du kannst doch nicht auf jeden Baum klettern!" wandte ich wieder ein.

„Ach, was bist du dumm!" rief er ärgerlich und hatte darüber alle Angst vergessen. „Es kommen doch nur die paar alten Erlen in Betracht! Die anderen

Bäume stehen noch gar nicht so lange. Die haben noch keine Kriegszeit erlebt."

Ich redete nicht mehr dagegen, obwohl bestimmt noch manches einzuwenden gewesen wäre.

„Weißt du noch, wie du voriges Jahr beim Bäumeklettern die Sonntagshose zerrissen hast?" wagte ich bloß noch bescheiden zu erinnern.

Aber Karl lachte nur geringschätzig. „In der Zeit bin ich schon wieder hundertmal auf einen Baum gestiegen und habe nichts zerrissen", prahlte er. „Außerdem ziehe ich ja an einem Samstagnachmittag keine gute Hose an."

Er preßte meine Hand wieder fest, aber das tat er jetzt nicht aus Furcht, sondern aus Unternehmungslust. Kräftig zog er mich vorwärts. Schon blinkte uns das trübe Licht aus dem Stall unseres Milchbauern entgegen.

Auf dem Heimweg wurden wir uns dann einig, daß wir am anderen Tag gleich nach dem Mittagessen in den Armenhäuser Busch gehen wollten. Samstags hatten wir keinen Nachmittagsunterricht. Wir mußten zwar immer zu Hause beim Sonntagsputz helfen, aber diesmal hatten wir besonderes Glück.

Nicht daß wir den Schatz sofort fanden, aber Mutter erlaubte uns, gleich fortzugehen, ohne daß wir noch irgendeine Arbeit zu verrichten hatten.

Wahrscheinlich wäre sie mit dieser Erlaubnis nicht so schnell bei der Hand gewesen, wahrscheinlich hätte auch Emma erst nachgeprüft, ob all unsere Schulaufgaben zufriedenstellend erledigt waren; aber die Großen waren derart mit den Vorbereitungen für die Silberhochzeit beschäftigt, daß sie sich weniger um uns kümmerten. Vielleicht nahm Mutter auch an, daß wir noch irgend etwas für die Silberhochzeit besorgen wollten, was ein Geheimnis bleiben sollte, weil wir so dringlich baten, hinausgehen zu dürfen. Nun, und das stimmte ja auch! Glück hatten wir auch, daß das Wetter sich gebessert hatte und sogar eine blasse Sonne auf uns herabschien, als wir in das Wäldchen traten. Es war gar nicht mehr unheimlich darin, nur kahl und farblos.

Wir steuerten auf die alten Erlen an dem kleinen Bach im Grund zu. Karl stieg sogleich auf den ersten Baum, und ich reckte mir fast den Hals aus, so unverwandt verfolgte ich seine Kletterkünste. Grabschaufeln hatten wir noch nicht mitgebracht. Damit wollten wir erst anrücken, wenn wir den rechten Platz ausgemacht hatten. Somit hatte ich vorerst nichts anderes dabei zu tun, als zuzusehen.

„Hast du etwas gefunden?" fragte ich gespannt.

Er fühlte mit den Händen um die Rinde herum.

„Nein – nein!" und noch einmal: „Nein – nein!"

„Nichts!" sagte ich niedergeschlagen, als er wieder unten angelangt war.

„Du kannst doch nicht gleich beim ersten Baum den richtigen Platz verlangen; du bist zu ungeduldig, Annchen!" antwortete Karl überlegen. „Das wußte ich sofort, daß es nicht hier am ersten Baum war."

„Warum hast du dann nicht gleich beim zweiten angefangen?" fragte ich.

Er würdigte mich keiner Antwort. Mit einem kühnen Schwung stemmte er sich an den zweiten Stamm und hantelte dann hoch. Aber auch hier fand er kein Zeichen. Und wieder kam er heruntergerutscht.

„Also zum dritten!" sagte er tapfer.

Aber gar so forsch ging er nicht mehr drauf los.

„Ich habe so kalte Füße!“ klagte ich. „Hier ist es so feucht! Wollen wir nicht für heute aufhören?“

„Du bist nicht gescheit!“ schalt Karl. „Als ob wir noch wochenlang Zeit hätten! Nächsten Dienstag ist schon die Silberhochzeit. Halt jetzt aus! Du bekommst auch einen Teil von dem Schatz ab!“

„Der Schatz soll doch für Emma sein!“ widersprach ich.

„Nun, dann bekommst du eben den Kessel, in dem der Schatz ist“, versprach Karl großzügig, „der ist auch was wert!“

Und wieder kletterte er in die Höhe. Aber er machte Pausen dazwischen, und ich hörte ihn bis unten atmen. Mir war der Hals steif und die Füße naßkalt geworden. In dieser Novemberfeuchtigkeit war es unter den Erlen noch sumpfiger als sonst. Es war ein richtiger schwarzer Morast.

Karl arbeitete sich immer mühsamer in die Höhe. Nun hängte er sich mit beiden Händen an einen Ast, um sich daran hochzuziehen.

Ich weiß nicht, ob ich das morsche Holz schon vorher krachen hörte oder ob ich das Unglück vorausahnte. Ich schrie schon, ehe der Ast brach, ehe Karl mit einem dumpfen Aufprall unten landete. Aber tot war er nicht. Er schrie noch lauter als ich. Es muß ein ohrenzerreißender Zwiegesang gewesen sein.

Und schon nahte ein Retter! Mit langen Sprüngen kam er vom Hauptweg her den Berg herab. Lehrer Werner war es.

„Was macht ihr denn da? Karl, was kletterst du im November auf den Bäumen herum? Da wächst doch nichts!“ rief er. „Hast du dir weh getan?“

Karl gab natürlich keine Antwort. Er heulte herzzerreißend weiter. Lehrer Werner hatte wohl auch keine Antwort erwartet. Er bückte sich und half Karl auf die Füße.

„Nun, du hast ja nichts gebrochen oder verstaucht!" stellte er fest. „Das hast du dem weichen Matsch zu verdanken, in den du gefallen bist. Aber daß du nun aussiehst wie ein Ferkel, das sich in der Suhle gewälzt hat, das hast du diesem Morast auch zu verdanken. Junge, Junge, was wird deine Mutter sagen, wenn sie dich so sieht!"

Karl hatte sich etwas beruhigt, als er mit heilen Knochen auf den Füßen stand. Nun aber schluchzte er wieder los, wischte mit dem Ärmel über das Gesicht, über die Nase und heulte noch lauter, als er die Knöpfe spürte.

„Na, nun kommt! Ich bringe euch bis nach Hause", tröstete der junge Lehrer, „wir müssen schnell gehen, sonst erkältest du dich. Du hast sicher einen nassen Hosenboden!"

„Gehen Sie auch mit ins Haus!" bat ich. „Dann schilt Mutter nicht. Sie könnten auch zuerst unsere Emma herausrufen. Sie macht Karl dann schon etwas sauber, ehe wir hineingehen."

Oh, ich wußte schon, was ich damit bezweckte! So klein ich auch war, ich war doch ein recht gewitztes Mädchen und eine rechte Evastochter. Ich hatte wohl gehört, wenn Lenchen und Minchen darüber tuschelten, daß der Lehrer Werner merkwürdigerweise öfters Novemberspaziergänge in der Nähe unseres Hauses im Armenhäuser Busch machte. „Er sieht Emma ja regelmäßig im Kirchenchor", hatte Guste neulich Minchen anvertraut; „aber bisher hatte er noch keinen

Vorwand, um zu uns ins Haus zu kommen." Ja, damals ging das noch nicht so einfach wie heutzutage.

Nun, jetzt hatte er ja einen Vorwand, bei uns einzutreten, wenn er sich diesen ersten Besuch gewiß auch anders vorgestellt hatte. Vielleicht hatte er sich vorgenommen, mit einem Blumenstrauß und in seinem besten Anzug bei uns zu erscheinen, und nun kam er mit einem schmutzigen, schmierigen Jungen, der ihn selber auch noch bekleckert hatte.

Trotzdem wurde der junge Lehrer gut aufgenommen. Emma hatte einen roten Kopf und strahlende Augen, während sie im Flur an Karl herumwischte, und Mutter, die kurz danach aus der Stube kam, war voller Freundlichkeit. Karl wurde kaum beachtet. „Als wenn es bei uns so Brauch wäre, daß jeden Tag die Jungen wie Ferkel heimkämen!" brummte Guste, von der Karl dann in die Küche geschoben wurde und die sich mit begeisterter Putzlust seiner annahm.

„Eigentlich könnten sie auf der Silberhochzeit jetzt ein Aufwaschen machen", murmelte sie bei dieser Säuberung, „es käme billiger."

„Was soll da noch aufgewaschen werden?" fragte ich, während ich teilnahmsvoll zuschaute.

„Das verstehst du nicht!" antwortete Guste kurzab.

Aber dann verstand ich es doch, als am Tag der Silberhochzeit Emma und Lehrer Werner Verlobung feierten.

Und darum waren wir alle an diesem Tag besonders fröhlich, und darum war Emma gleich nach Mutter die Schönste, wenn sie auch kein neues Kleid hatte.

Als am Abend die alten Kreisspiele gespielt wurden und sie alle sangen: „Jammer, Jammer über Jammer, ich hab' verloren meinen Schatz ... Siehst du wohl, das ist mein Schatz!" Da saß ich mit Karl neben Mutter und schaute dem fröhlichen „Jammer" zu.

„Nun habt ihr Emma doch einen Schatz besorgt!" sagte Mutter lachend zu Karl und mir. Wir hatten ihr natürlich alles erzählt. Dann aber wurde sie ernst und fuhr leise fort: „Der Herr Jesus hat uns das Gleichnis vom Schatz im Acker erzählt, den ein Mann fand, der alles verkaufte, was er hatte, um diesen Schatz zu gewinnen. Euer neuer Schwager weiß, was für ein Schatz damit gemeint ist. Er verläßt seine Stelle als Lehrer, seine Heimat und geht als Missionar in die Heidenwelt, und unsere Emma wird ihm folgen. Sie wollen diesen Schatz im Himmel haben. Ihr aber wolltet irdischen Schätzen nachgraben! Wenn ihr später daran zurückdenkt, soll euch immer einfallen, was der Herr Jesus gesagt hat und was euch eure Mutter jetzt mit auf den Weg gibt: Sammelt euch Schätze im Himmel!"

Karl und ich haben noch oft daran zurückgedacht. Als er schon ein alter Mann war, dessen Hände leise zitterten und kaum noch zu einer Arbeit taugten, brachte er mir zu meinem 70. Geburtstag einen kleinen Kupferkessel und sagte mit humorvollem und gerührtem Schmunzeln: „Den hab' ich noch für dich gemacht, Annchen! Ich bin dir ja noch immer den Kessel schuldig."

„Was für einen Kessel, Karl?" fragte ich.

„Nun, den Kessel, in dem der Schatz aus dem Armenhäuser Busch sein sollte."

DAS WUNDEREI

„Annchen soll mit!" heulte mein Bruder Karl einmal wieder, „hu, Annchen soll mit!" Er fuhr sich mit dem Ärmel über die tropfende Nase.

„Hu!" jammerte er dann noch lauter. Er hatte sich wieder mit den scharfkantigen Metallknöpfen, die Emma zum Schutz der gefährdeten Stellen angenäht hatte, unter der Nase her geschrubbt. Hu, das tat so weh! Sein Schluchzen konnte einen Stein erweichen. Aber Mutters liebevolles Herz erweichte er diesmal damit nicht.

„Annchen hat in der vergangenen Nacht wieder sehr gehustet. Minchen ist sogar davon aufgewacht. Sie bleibt bei diesem scharfen Märzenwind zu Hause!" bestimmte sie. „Du mußt dich schämen, Karl, daß du als großer Junge dich nicht allein durch das Buchenwäldchen traust und deine kleine Schwester als Schutz mitnehmen mußt. Ja, ich schäme mich sogar, daß mein Sohn so bange ist."

„Ich bin gar nicht bange", erwiderte Karl, „und Annchen hat den ganzen Tag nicht gehustet! Minchen hat sicher geträumt."

Minchen hob ihre schönen dunklen Augen wieder einmal anklagend zur Zimmerdecke. Dann aber schaute sie mich streng an und sagte: „Sprich die Wahrheit, Annchen, hast du gehustet?"

Ich nickte bekümmert, fügte aber gleich hinzu: „Ich will heute auch den ganzen Zwiebelsaft austrinken!"

Damals war es noch nicht Mode, bei einer Erkältung

sogleich zur Apotheke oder gar zum Arzt zu laufen. Mutter hatte den lieben langen Winter hindurch fast ständig einen Topf voll selbstgekochtem Hustensaft auf dem Herd hinten neben der Ofenpfeife stehen. Von diesem braunen Trank bekam der Hustenkranke dann und wann einen Löffel voll verabreicht. Ich befürchte, oft war solch ein Hustenanfall gar nicht echt, denn wir schluckten die aus Zwiebeln und Kandiszucker hergestellte Medizin sehr gern, und Mutter lachte manchmal und sagte: „Na, nun krächze und belle nicht länger, da hast du deinen Löffel voll!"

Es war also gar kein Opfer, wenn ich mich erbot, den Topf leer zu trinken. Das wußten auch die anderen, und Guste rief sogleich: „Das sollte dir wohl so passen, Annchen! Dafür weckst du Minchen noch einmal mit deinem Gehuste!"

Ich ließ den Kopf hängen, und Mutter tröstete: „Ich reibe dir heute abend die Brust mit heißem Öl ein und lege einen Flanellappen drauf, dann bist du bis morgen wieder gesund!"

Karl hob den Kopf, wischte noch einmal unter der Nase her, unterdrückte tapfer sein Au, als er wieder über die Knöpfe fegte, und sagte noch tapferer: „Ich bin wirklich nicht bange, Mutter! Annchen kann heute ruhig zu Hause bleiben. Und übermorgen auch! Morgen ist Feiertag, da können wir so früh die Milch holen gehen, daß es noch kein bißchen kalt ist. Und wenn sie übermorgen, am Karsamstag, nicht mit will, so ist es mir auch gleich. Wenn ich sie dann nur holen darf, wenn ich vom Milchbauer zurückkomme, und sie mit mir die Milch zu Tante Berta bringt."

„Aha", rief Lenchen, „da wollt ihr Ostereier färben helfen! Da will ich auch mit!"

„Ich denke nicht daran", widersprach Karl großspurig, „das ist Frauenarbeit!"

„Sag lieber: da lassen Tante Berta und Tante Malchen dich überhaupt nicht ran!" unterstützte ihn Guste. „Tante Berta bindet die feinen Farnblätter selber drauf, und Tante Malchen legt dann die Eier vorsichtig in die Zwiebelschalen, und Großvater schreibt die Namen darauf."

„Außerdem sind sie damit Ostersamstagabend längst fertig", fiel Minchen ein. „Da kommen ja schon die Kinder zum Poscheiersingen. Die beiden wollen sich sicher ein Ei holen."

„Ich will mit!" rief da Alwine. „Ich will auch mit!" piepste unser kleiner Hermann.

Mutter wurde ein wenig ärgerlich. „Nun ist es aber genug mit dem: Ich will mit!" schalt sie. „Ihr dürft nicht unverschämt sein! Wir sind jedes Jahr am ersten Ostertag zum Eiersuchen in Großvaters Garten. Da dürft ihr nicht auch noch am Ostersamstag eines haben wollen! Bei Karl und Annchen ist das etwas anderes; wenn die beiden jeden Tag treu die Milch für Tante Berta holen, können sie wohl auch ein Extraei bekommen."

Alwine maulte vor sich hin. Hermann piepste noch einmal, aber ganz leise: „Ich will aber mit!"

Mutter tat, als hörte sie nichts. Sie wandte sich den großen Töchtern Emma, Minchen und Guste zu und sagte lächelnd: „Ich freue mich, daß Karl gar nicht bange ist, sondern nur aus brüderlicher Liebe Annchens Begleitung haben will. Es ist schön, daß die beiden so aneinander hängen. Nur damit Annchen das Osterei bei Tante Berta nicht verlorengeht, ist

Karl so besorgt darum, daß sie ihn übermorgen abend begleitet."

Karl freute sich sonst immer besonders über ein Lob aus Mutters Mund. Aber diesmal trollte er sich merkwürdig rasch und mit eingezogenem Kopf aus der Stube. Und ich schlüpfte ebenso rasch zum Fenster. Mutter beobachtete mich lächelnd, und Guste brummte: „Nun schaut sie ihm auch noch sehnsüchtig nach wie unsere Emma ihrem Bräutigam."

Aber so sehr wir auch wirklich aneinander hingen, es war bei mir so wenig schwesterliche wie bei Karl brüderliche Liebe, daß wir so unbedingt Karsamstag abend beisammen sein wollten. Und weil es das nicht war und weil wir gegen unsere Mutter nicht ganz aufrichtig gewesen waren, darum schämten wir uns beide und schlichen geduckt aus Mutters Nähe. Aber darum verzichteten wir noch lange nicht auf die Ausführung dessen, was wir uns für den Karsamstag sowie für den Karfreitag vorgenommen hatten. Eines hatte Mutter ja richtig geraten: es handelte sich um Ostereier, die wir uns am Karsamstagabend holen wollten. Aber nicht nur eines erstrebten wir, sondern viele, viele, solch eine Menge, wie wir noch nie besessen hatten. Karl hatte mir so viel von dieser Fülle von Ostereiern, die wir zu erwarten hatten, vorgeschwärmt, daß ich sie buchstäblich Tag und Nacht rot und blau vor Augen sah. Und dabei hatte ich bisher nur immer braune, mit Zwiebelschalen gefärbte Ostereier besessen, und zwar Jahr um Jahr vier, höchstens fünf Stück. Zwei hatte ich im eigenen Garten, zwei in Großvaters Garten suchen dürfen. Fünf Ostereier, das ist gewiß eine stattliche Zahl, und braune, vielleicht gar noch mit ausgesparten Blättern und Gräsern verzierte sind auch recht hübsch. Aber es gibt auch schönere Farben, die sich vermöglichere Leute leisten können, und 20, 25, 30 sind entschieden mehr als fünf. Das wußte ich trotz meiner schlechten Rechenzensur.

Aber wie sollte ich zu solchen Mengen, zu solch einem Reichtum kommen? Ich will mich nicht entschuldigen, aber mein Bruder Karl drängte mehr danach als ich. Er hatte von klein auf immer einen starken Trieb nach Hab und Gut gezeigt. Später ist er auch ein tüchtiger, wohlhabender Geschäftsmann geworden, aber er hat sein Vermögen durch seiner Hände Arbeit erworben, und wer weiß, ob ihn in seinem langen Leben nicht oft die Mahnung seiner Mutter auf dem rechten Weg bewahrt hat: „Karl, Karl, denk an das Wort der Heiligen Schrift: Die da reich werden wollen, fallen in Versuchung und Stricke!“ – Nun, in jener Osterzeit dachte er noch nicht an diese Worte. Er wollte reich werden, reich an Ostereiern, und die Versuchung und Stricke ließen sich dabei nicht vermeiden, und ich wollte auf Karls Anregen und auf eigenen Wunsch auch reich werden und fiel treulich mit ihm herein.

Schon eine Woche vorher hatte mich Karl mit seinem Plan vertraut gemacht. Das geschah wieder – wie so oft bei vertraulichen Angelegenheiten – auf dem gemeinsamen Weg zum Milchbauer. Dann waren wir beide allein und ungestört, was in der großen Geschwisterschar sonst selten vorkam und schwer zu bewerkstelligen war.

„Hör mal, Annchen“, hatte er angefangen und mich dabei so treuherzig mit seinen blauen Augen angesehen, „ißt du gern Ostereier?“

Ich schaute ihn erstaunt an. „Du fragst aber dumm!" antwortete ich.

Karl seufzte tief. „Ich habe voriges Jahr noch nicht ein einziges gegessen", sagte er mit trauriger Stimme.

„Nun lügst du!" rief ich entrüstet. „Du hast genausogut wie ich fünf gehabt! Eines hat jedes von uns Mutter für Eiersalat abgegeben, also hast du noch vier essen können. Oder hast du nicht noch vier übriggehabt?"

„Gehabt", murmelte Karl düster, „gehabt, ja, aber gegessen habe ich keins!"

„Ja, wo hast du sie denn gelassen?" fragte ich.

„Verloren, alle verloren!" brummte Karl.

„Hattest du denn ein Loch in der Tasche?" staunte ich.

„Quatsch!" antwortete mein höflicher Bruder, „das kommt doch bei uns nicht vor! Beim Eierkippen hab' ich sie verloren. Klapp! klapp! haute Fritz auf jedes einmal drauf, und eingeschlagen waren sie, sie hatten zu dünne Schalen. Dann gehörten sie ihm natürlich! Seine Eier hatten eben die härteren Schalen. Ich kam überhaupt nicht zum Draufkippen." Er seufzte noch einmal tief. Aber dann blieb er stehen und schaute mich eindringlich an.

„Dies Jahr wird es anders!" sagte er entschlossen. „Ich habe ein Wunderei erfunden. Damit schlage ich alle anderen kaputt."

„O Karl", rief ich erschrocken, „jetzt fängst du wie Vater an! Der will auch immer eine neue Maschine erfinden, und Mutter hat schon so oft darum geweint, weil er so viel Geld dafür ausgibt und es doch nichts wird und er nichts damit verdient."

„Aber dies Ei wird etwas, und viel Geld geb' ich auch nicht dafür aus!" versicherte Karl. „Und ich werde sehr viele Eier damit verdienen! Wir werden uns gar nicht mehr vor Eier retten können, du und ich. Wir werden denen zu Hause noch mindestens je acht oder zehn abgeben können, damit wir uns nicht den Magen an lauter Eiern verderben."

„Aber Karl!" rief ich wieder, „das ist ja ausgeschlossen! Wenn du auch alle Eier der Nachbarskinder mit deinem Wunderei gewinnst, so sind es doch nicht über 100."

„Oh, ich habe noch einen Plan", verriet Karl stolz, „Onkel Ferdinand sagt immer, als Geschäftsmann müßte man zwei Eisen im Feuer haben. Paß auf: ich habe mit dem langen Laban verabredet, daß wir, du und ich, am Ostersamstag mit Poscheier singen gehen. Wir Wächters sind für unsere guten Stimmen bekannt. Und da hat mich der lange Laban gefragt, ob wir wohl mit seiner Schar mitmachen wollten. Denk dir, du und ich sollen solo singen wie unsere Emma in der Kirche. Wir brauchen das gemeinsame Geleier gar nicht mitzumachen."

„Fraue, gebt mir 'n Poschei,
es sind uns lieber drei als zwei!
Feine Rosenblümelein,
ei, du wackres Mägdelein!"

summte ich.

„Nein, nein, das nicht!" sagte Karl eifrig, „das brauchen wir nicht zu singen. Wir beide sollen uns damit nicht den Hals abschreien. Nur fein solo! Und wenn wir etwa dafür was extra bekommen, dürfen wir es behalten, und die anderen Eier werden nachher auch noch ehrlich mit uns geteilt. Ist das nicht ein anständiges Angebot?"

Ich schaute Karl zweifelnd an. „Ich weiß nicht, ob wir Poscheier singen gehen dürfen!" wandte ich ein. „Vater hat einmal gesagt, wenn wir auch keine reichen Leute wären, sollten wir das doch ärmeren Kindern überlassen."

Karl wurde ärgerlich, aber er war nicht um eine Antwort verlegen. Wir Geschwister waren alle mit raschen Erwiderungen bei der Hand. „Vater hat uns das nicht zumuten wollen!" erklärte er, „aber Mutter mahnt immer: Seid nicht hochmütig, haltet euch herab zu den Niedrigen!"

„Dann wollen wir Mutter eher fragen!" schlug ich vor.

Karl war damit nicht einverstanden. „Nein", bestimmte er. „Wir wollen Mutter mit vielen, vielen Eiern überraschen! Denk mal, wie sie sich freuen wird! Das gibt eine Schüssel voll Eiersalat!"

Ich war noch nicht überzeugt. „Ich weiß nicht", fing ich noch einmal an. Aber Karl ließ mich nicht zu Wort kommen.

„Du bist einfach hochmütig!" schalt er. „Du hältst dich für zu vornehm. Mutter hat schon oft gesagt, du und Minchen wären die eitelsten von ihren Kindern. Martin Luther ist doch wohl mehr als du, ja? Und der hat auch als Junge vor anderer Leute Häuser gesungen, und nicht bloß einmal im Jahr um Ostereier, sondern jeden Morgen in Wind und Wetter um sein täglich Brot, bis ihn die Frau Cotta wegen seines schönen Singens von der Straße fort in ihr Haus geholt hat. Aber du – du bist wohl zu gut dafür!"

Nun, da hatte ich nichts mehr einzuwenden, und nach einiger Zeit schlug ich auch alle Überlegungen in den Wind. Ja, es fing sogar an, mir Spaß zu machen, Karl bei der Herstellung seines Wundereis beizustehen und in der Öffentlichkeit als Solosängerin zu glänzen. Ich war eben ein eitles kleines Ding. Daß diese Osterpläne nicht ganz in Ordnung waren, konnte ich eigentlich daran erkennen, daß wir nicht wagten, Mutter davon zu erzählen. Daß wir Mutter eine freudige Überraschung bereiten wollten, das war im Grund doch nur eine Ausrede, und das wußten wir im tiefen Herzen auch selber. Wir wollten es nur nicht wissen.

Am Karfreitagnachmittag hatte sich mein Husten erstaunlich gebessert. Ich hatte auch nachts, wenn ich husten mußte, den Kopf unter die Decke gesteckt, um unser empfindliches Minchen nicht zu wecken. Ich durfte also mit Karl wie immer zu unserem Milchbauern gehen. Dort führte ich getreulich aus, was mir mein großer Bruder aufgetragen hatte.

„Du kannst so schön bitten", hatte Karl gesagt, und solch eine seltene brüderliche Schmeichelei schluckte ich ebensogern wie den süßen Hustensaft. Also bat ich die Frau unseres Milchbauern sehr schön um ein Ei. Wir wollten es sogar bezahlen, versprach ich, wenn wir den Wochenlohn von zwei Pfennig für das Milchholen von Tante Berta erhalten hatten. Insgeheim hofften wir natürlich, daß uns die gute Bauersfrau das Ei zu Ostern schenken würde. Sonst wären wir ja auch in Nöte gekommen, wenn wir Mutter hätten erklären müssen, warum wir die zwei Pfennig diesmal nicht in die Sparbüchse warfen.

„Und würden Sie wohl auch so gut sein und uns

das Ei kochen?" bat ich weiter nach einem aufmunternden Schubs meines Bruders.

Auch diese Bitte wurde bereitwillig gewährt, die Ringe aus der Herdplatte genommen, der Wasserkessel eingesetzt und mit einer Handvoll Reisig das Feuer zum Auflodern gebracht.

Und dann kam die dritte Bitte: „Darf es Karl in Ihrem Stall bemalen?"

Damit hatten wir nun nicht so rasch Erfolg.

„Ihr könnt das Ei ruhig in die Zwiebelschalen stekken, die ich schon für unsere Eier gekocht habe", sagte die freundliche Frau.

„Nein", antwortete ich rasch, „es soll ein besonderes Ei werden!"

Karl gab mir einen zweiten, heftigeren Stoß. Ich würde doch wohl nichts verraten.

„Ich will es bunt bemalen!" rief er dazwischen. „Ich habe meinen Farbkasten mitgebracht. Hier unter der Jacke hab' ich ihn. Darf ich damit in den Stall gehen?"

„Du kannst getrost hier in der Küche bleiben!" sagte die Frau.

„Nein, nein, dann verschmier' ich den frisch gescheuerten Tisch!" wehrte Karl ab.

„Ich lege eine alte Zeitung unter", erbot sich die Frau. – Karl schaute mich verzweifelt an.

„Wir malen nie in der Küche", half ich bereitwillig, „es könnte doch Spritzer geben!"

„Ja, ja, ihr seid gut erzogen!" lobte die Bäuerin. „Ihr habt eine tüchtige Mutter. Aber im Stall ist frisch gekalkt. Da stehen noch die Eimer voll Kalk. Du könntest dort andere, weiße Spritzer abbekommen, nicht auf dein Ei, sondern auf deine Hose."

„Ich weiß, daß da die Kalkeimer noch stehen. Ich nehme mich in acht", antwortete Karl und lief schnell hinaus, damit die gute Frau nicht noch mehr Einwände machen konnte.

Ich blieb in der Küche. Wir hatten das so verabredet, wenn ich auch zu gern auf andere Weise an der Herstellung des Wundereis mitgewirkt hätte. Ich sollte aber dafür sorgen, daß keiner Karl nachging und er ungestört bei seiner geheimnisvollen Arbeit blieb. Ich saß wie auf glühenden Kohlen, und dabei redete ich wie ein Wasserfall, alles mögliche, was mir gerade einfiel, nur damit die Frau nicht neugierig wurde und Karl nicht im Stall aufsuchte. Mein Vater wollte ja auch immer bei seiner Erfinderarbeit ungestört sein. Es dünkte mich eine Ewigkeit, bis Karl wieder in die Küche kam. Er hielt ein blau- und rotgestreiftes Ei vorsichtig zwischen Daumen und Zeigefinger.

„Es hat etwas lange gedauert", entschuldigte er sich, „das Ei mußte zweimal trocknen. Es ist jetzt noch nicht ganz trocken."

„Zweimal?" fragte die Frau erstaunt.

Karl wurde rot. Er merkte, daß er sich nun selber fast verraten hätte.

„Erst der Untergrund", erklärte er verlegen.

Er brauchte nicht weiter zu reden. Im selben Augenblick ertönte ein geller Schrei. Die Tür wurde aufgerissen. Milchen, das Mädchen, stürzte herein. Es hatte seine blitzblauen Augen weit aufgerissen. „Frau, Frau!" stammelte sie. „Das ist Hexerei! Unsere Hühner legen Ostereier! Bunte Ostereier! Eben wollte ich sie aus dem Nest holen, da — —"

„Zeig mal her!" sagte die Bäuerin.

„Ich hab' sie im Stall gelassen!" antwortete Milchen. „Und ich geh' auch nicht mehr rein! Ne, ne, das ist Hexerei! Das geht nicht mit rechten Dingen zu!"

„Hier sind die verhexten Eier!" Der Bauer war unter die Tür getreten und hielt lachend ein paar buntbemalte Eier in seinen großen Händen. „Ich bin auf Milchens Geschrei gleich in den Hühnerstall gelaufen", erklärte er, „diese bunten Eier hat bestimmt das Jüngelchen da gemalt!"

Karl war rot bis hinter die Ohren geworden. Aber als nun alle lachten, grinste er auch. „Ich mußte so lange warten, bis mein Ei trocken war", sagte er, „da bin ich solange in den Hühnerstall gegangen und hab' meinen Pinsel an den Eiern dort abgetupft."

„Schade, daß die Eier noch nicht gekocht sind", sagte die Frau, „sonst könnt' ich sie als Ostereier verschenken. Sie sind hübscher als die braunen Zwiebelschaleneier."

„Ich komme gern morgen früh und mal Ihnen ein paar", erbot sich Karl, „noch viel schöner als dies, mit Herzen und Blumen. Zu Hause tu' ich das nicht. Für so viele braucht man zu viel Farbe dazu."

„Gut, es soll mir auf zwei oder drei Eier als Lohn nicht ankommen", sagte die Bäuerin.

Wir zogen vergnügt ab.

„Siehst du, wie reich wir werden!" sagte Karl stolz. „Die Eier vom Milchbauern schenken wir dann gleich Mutter. Wir bekommen ja noch reichlich. Es fängt schon gut an!"

Als wir durch das Wäldchen gingen, war Karl wirklich nicht bange. Er sang sogar aus dem Lied von Jung Siegfried:

„Nun schlag ich wie ein andrer Held
die Riesen und Drachen in Wald und Feld!“

Gewiß dachte er nicht an Riesen und Drachen, sondern an die Eier, die er schlagen wollte.

„Karl“, mahnte ich, „du darfst nicht so laut singen. Es ist Karfreitag.“

Da hörte er auf. Aber in Gedanken war er sicher doch noch bei seinem zukünftigen Eierreichtum

„Du brauchst morgen früh nicht mit zu dem Milchbauern gehen“, sagte er nach einer Weile, „du mußt dich in acht nehmen, damit du morgen abend nicht erkältet bist und gut singen kannst.“

Ich seufzte ein wenig. Es war mir doch ein wenig bange vor dem Poscheiersingen. Karl merkte das wohl.

„Paß mal auf, was wir morgen viele Eier bekommen!“ ermunterte er. „Es fängt schon gut an, es wird auch gut weitergehen.“

Karl behielt recht: es ging auch gut weiter. Wenigstens schien es zuerst so. Es war mir zwar wieder etwas bänglich zumute, als Karl und ich uns in der Dämmerung des Ostersamstagabends an einer Straßenecke der Schar des langen Labans anschlossen.

Der lange Laban – das war natürlich nur sein Spitzname – war ein langaufgeschossener dünner Junge von etwa 13 Jahren. Seine Schar bestand fast nur aus Jungens. Bloß zwei Mädchen waren dabei, die die Körbe für die Eier trugen. Sie waren viel größer als ich, und ich kam mir in der rauhen, derben Gesellschaft recht verloren vor. Ich war froh, daß der Wind wieder ziemlich frisch wehte und Mutter mich für den Gang zu Tante Berta in ihr großes Wolltuch gewickelt hatte. So erkannte mich doch kaum jemand, und den abgegriffenen Samtbeutel für den zu erwartenden Eiersegen konnte ich auch unter dem Tuch verstecken.

Diesmal faßte ich Karls Hand fest, so wie er sonst die meine drückte, wenn er bange war. Und dann ging es vor das erste Haus.

„Frau, gebt uns ein Poschei!" sang die Schar. Es war allerdings schon eher ein Grölen als ein Singen.

Als sie einige Strophen gesungen hatten bis: „Fraue, gebt uns elfe, dann gehen wir nach Schwelme", erschien eine Frau unter der Haustür. Ehe sie die Eier austeilen konnte, gab mir der lange Laban einen aufmunternden Stoß: „Los!"

Und mit zitternder, aber heller Stimme setzte ich, unterstützt von Karl, ein:

„Wir wollen alle fröhlich sein
in dieser österlichen Zeit;
sie ist so fried- und freudenreich.
Halleluja, halleluja!"

Die Frau blieb stehen, rief etwas ins Haus. Schon kamen ein Mann, zwei junge Mädchen, eine alte Frau heraus.

„Ach, wat singt dat kleine Dierken schön, dat muß ein besonder Ei haben!" sagte die Großmutter. Und schon wurde mir ein Ei zugesteckt.

Vor dem nächsten, dem übernächsten Haus ging es ähnlich. Mein Mut wuchs, mein Beutel schwoll. Mindestens zehn Eier als Sondergabe hatte ich schon eingeheimst, da bestimmte der lange Laban: „So, jetzt geht's noch in die Meckelstraße, und dann sind wir durch unseren Bezirk!"

„Dahin gehen wir nicht mit!" riefen Karl und ich

wie aus einem Mund. „Da wohnt unser Großvater gleich im ersten Haus!"

Der lange Laban stellte sich breitbeinig vor uns und maß uns von oben bis unten. „Bei euch piept es wohl!" sagte er. „Erst wollt ihr Extraverdienste einkassieren, habt doch auch schon 'n guten erhalten, und nun auf einmal vorm Herrn Großpapa seid ihr zu vornehm zum Poscheiersingen. So kommt ihr mir aber nicht, mir nicht! Dabei ist es schon so dunkel, daß euch der Alte gar nicht erkennt. Könnt euch auch hinter die anderen stellen. Also los – vorwärts!" Und so trotteten wir vor Großvaters Haus. Ich machte mich noch kleiner, als ich war, und drückte mich in die Ecke zwischen der Vortreppe und der schieferbeschlagenen Hauswand, als Tante Berta groß und würdevoll oben an der Haustür erschien und die rundliche Tante Malchen, die zierliche Tante Linchen neben sie traten. Wie Säulen standen die drei alten Fräuleins dort oben. Meine Stimme zitterte, als ich dann doch einsetzen mußte, und Karl sang vor Angst überhaupt nicht.

„Was kann das Kleine so schön singen!" hörte ich Tante Berta mit ihrer tiefen Stimme sagen.

„Ach so 'n klein Stümpchen, so 'n Hupsterchen!" bedauerte Tante Malchen, „und dann schon Poscheiersingen!"

„Hol es doch rein und gib ihm 'n Täßchen heiße Milch!" schlug Tante Linchen vor.

Nun sollte ich also – wie Martin Luther von Frau Cotta – ins Haus geholt werden! Ich sang vor Schrekken noch lauter: „Halleluja!"

Jetzt war Tante Bertas Gesicht dicht vor mir, milde und gütig sah sie drein.

„Halleluja!" sang ich gellend. Oh, und da verwandelte sich Tante Bertas Gesicht. Ihre Augen blickten ganz starr. Ihre Rechte packte mich kräftig – gewiß kräftiger, als Frau Cotta Martin Luther ergriffen hat. Ihre Linke hatte gleichzeitig neben mir Karl geschnappt.

Ich weiß nicht, wie wir dann im Haus, in der Küche landeten, wo es von all dem blank geputzten Kupfergerät blinkte und blitzte. Die drei Tanten samt dem Großvater schauten ernst auf uns herab.

„Also so weit ist es mit den Kindern unserer Schwester gekommen, daß sie um Poscheier singen müssen!" grollte Tante Berta.

Karl versuchte sich einmal wieder mit heftigem Schluchzen zu retten.

„Vater und Mutter wissen nichts davon!" heulte er.

„Wir wollten Mutter eine Freude mit den Eiern machen!" fiel ich ein.

„Daraus wird nichts!" bestimmte Tante Berta unerbittlich. „Die anderen Kinder müssen ohne euch teilen."

Karl schluchzte noch heftiger.

„Und jetzt geht nach Hause und beichtet eure Missetat!" befahl Tante Berta weiter.

„Aber wenn sie doch eine Freude machen wollten!" wandte Tante Linchen schüchtern ein und wischte sich gerührt über die Augen.

„Verdirb den Kindern und den Eltern die Osterfreude nicht!" mischte sich jetzt Großvater ein. „Gib jedem ein Osterei, damit sie nicht ganz umsonst gesungen haben, und dann schick sie in Frieden heimwärts!" Er gab uns lächelnd seine runzlige Hand und fügte hinzu: „Sagt zu Hause einen schönen Gruß, und wir erwarteten euch morgen früh nach der Kirche wie immer zum Ostereiersuchen und am Nachmittag zum Kaffee. Von eurem Poscheiersingen erzählt noch nichts. Natürlich muß es eure liebe Mutter erfahren; aber besser ist, ich berichte es ihr morgen nachmittag am Kaffeetisch."

Erleichtert atmeten wir auf. Tante Berta warf uns zum Abschied noch einen strengen Blick zu. Tante Linchen wischte sich noch einmal gerührt mit ihrem Tüchlein über die Augen und Karl mit seinem Ärmel über die Nase. Er vergaß dabei, sein Au zu sagen, als er an die Knöpfe kam, so eilig hatte er es, fortzukommen.

„Mußt nicht traurig sein!" tröstete er auf dem Heimweg. „Ich hab' ja noch das Wunderei. Damit kipp ich sämtliche Eier der Nachbarschaft!"

„Ich hab' auch noch zehn oder zwölf Eier in meinem Beutel!" verriet ich. „Was sollen wir denn damit machen, wenn Mutter noch nichts vom Poscheiersingen erfahren soll?"

„Die legen wir vorläufig in das Wurzelwerk von unserem alten Apfelbaum", bestimmte Karl. „Dort hinten sucht doch keiner Ostereier, und wenn morgen nachmittag Großvater von unserem Poscheiersingen erzählt hat, dann können wir sie holen. Du wirst sehen, das macht Großvater so lustig, daß alle lachen müssen. Dann gibt es keine Schelte. Tante Berta ist auch zu streng. Gut, daß die nicht geheiratet hat. Die armen Blagen!"

„Ach ja!" seufzte ich teilnahmsvoll, obwohl diese bedauernswerten Blagen ja gar nicht vorhanden waren. – Karl huschte noch schnell in den Garten, um die Eier unter dem Apfelbaum zu verstecken.

„Ihr habt sicher bei Tante Berta gegessen, ich habe abgeräumt“, sagte Minchen schnippisch, als wir ins Haus traten.

Vor lauter schlechtem Gewissen wagten wir nicht zu widersprechen, und so kam es, daß in dieser Osternacht mein Magen manchmal ein Lied kollerte, wohl zur Erinnerung an das Poscheiersingen.

Am nächsten Morgen, dem Ostermorgen, war bei uns in aller Frühe das Ostereiersuchen. Das war ein Jubel, obwohl wir doch wußten, daß jedes, und wenn es noch so viel fand, nur zwei Eier behalten durfte. Lachend und lärmend liefen wir die Gartenwege auf und ab und bogen den Buchsbaum der Einfassungen auseinander, um die Eier aufzuspüren.

Nur unser feines Minchen wandelte besinnlich daher, so daß ihr unsere derbe Guste einen Stubs gab und fragte, ob unser Mamsellchen zu vornehm wäre, um sich zu bücken.

Darauf verschwand unser leicht gekränktes Mamsellchen noch steiler aufgerichtet im hinteren Teil des Gartens. Da – ein heller Schrei! Was gab es?

„Hat dich eine Biene gestochen?“ rief Lenchen.

„O nein, nein!“ antwortete Minchen, „kommt alle her! So eine Überraschung!“

Minchen stand unter dem alten Apfelbaum. Alle liefen neugierig hin. Nur Karl und ich hatten es gar nicht eilig. Wir tauschten einen wehleidigen Blick. Oh, ich mußte mich zusammennehmen, um nicht loszuweinen. Minchen hatte unsere sauer ersungenen Poscheier entdeckt. Nun standen sie alle drum herum und rätselten, welche guten Freunde ihnen wohl diese Überraschung bereitet hätten, wem sie diese unverhoffte Gabe – für jeden gerade ein Ei! – wohl zu verdanken hatten. Ach, sie ahnten nicht, wie nahe die freundlichen Spender waren, und wie wenig freundlich es in ihrem Herzen aussah. Aber den Mund hielten wir beide, so schwer es uns auch fiel.

„Sei nicht traurig, Annchen!" tröstete mich Karl wieder, als wir zur Kirche gingen und ein Stück hinter den anderen zurückgeblieben waren. „Ich habe ja noch das Wunderei! Damit kipp ich Dutzende von Eiern!"

Gleich nach dem Mittagessen war es soweit. Karl stürmte allen voran auf die Halde in der Nähe unseres Hauses, wo die Nachbarskinder und andere Schulkameraden bereits versammelt waren. Unser Wilhelm mischte sich auch unter die Schar der Eierkipper. Alwine, Lenchen und ich standen mit den anderen Mädchen abseits als Zuschauer. Alle waren so fröhlich. Nur ich hatte Herzklopfen. Ich hatte zwar auf Karls Geheiß einen Korb mitgenommen, um seine Gewinne zu bergen, aber ich traute seinen großspurigen Versprechungen nicht. Was mochte das überhaupt für ein Wunderei sein? Warum sollte es alle anderen Eier besiegen? Was hatte Karl damit gemacht? Hatte er mir vielleicht nur etwas vorgeschwindelt? Er tat sich ja gern etwas wichtig. Aber schon nach wenigen Minuten kam er mit den ersten Eiern angehetzt. „Von Fritz!" rief er mit hochrotem Kopf, und im Nu war er mit seinem Wunderei wieder verschwunden. Drei-, viermal erschien er so mit eroberten Eiern. Ich legte sie sorgfältig in das Moos, das wir in dem Korb ausgebreitet hatten. Aber mir war nicht wohl dabei. Nein, es war mir richtig unheimlich wie der Milchen, die bei den bemalten Eiern an Hexerei geglaubt hatte. So muß es einer Frau zumute sein, wenn ihr Mann plötzlich durch gewagte Spekulationen zu unverhofftem Reichtum gelangt! Aber damals wußte ich von derartigem noch nichts. Immerhin aber ahnte ich einen Rückschlag, und wieder hatte mich meine Ahnung nicht betrogen.

Plötzlich ertönte bei den Eierkippern ein furchtbares Geschrei, Karl wälzte sich mit Nachbars Fritz auf dem Boden. Paul warf ein Ei durch die Luft, klatsch, klatsch! meinem Bruder ins Gesicht. „Da, haste das auch noch!" Das ausgeräuberte Volk hatte sich empört. Das blaurote Wunderei kollerte unbeachtet den Hang hinunter. Ich lief eilig hinterdrein, um es zu retten. Das Geschrei, die Balgerei wurden immer heftiger. Graue Grasbüschel flogen über die Köpfe der Ringenden. Die Mädchen mischten sich mit hellen Quiektönen hinein.

Und da ertönte in dem Tumult eine ruhige Männerstimme: „Schämt ihr euch nicht, so den Ostertag zu begehen? Und die Gottesgabe, die Eier, die euch zur Osterfreude geschenkt wurden, als Wurfgeschosse zu benutzen? Auseinander! Nach Hause mit euch!"

Ich atmete auf. Das war Onkel Ferdinand, der uns einen Osterbesuch machen und dann zu Großvater begleiten wollte. Gehorsam trotteten Lenchen, Alwine, Wilhelm, Karl und ich hinter ihm drein bergan. Die anderen Kinder verstreuten sich auch.

„Sagt eurer Mutter, daß euer Karl ein Betrüger ist!" rief uns Fritz aus sicherer Entfernung nach.

Ich schaute scheu zu unserem Karl hinüber. Oh, wie sah er aus! Das Ei, das Paul auf ihn geschleudert hatte, war nur weich gekocht gewesen. Nun konnte er mit dem Ärmel nicht nur seine Tränen, sondern auch die gelbe Brühe aus dem Gesicht wischen.

Als er dann so bekleckert vor den Eltern stand, berichtete er reumütig ohne langes Befragen die ganze Geschichte: Warum ihm Paul das Ei ins Gesicht geworfen hatte, warum Fritz ihn geschlagen, warum er allen die Eier abgewonnen und wie er das Wunderei gemacht hatte. Ja, wie hatte er es eigentlich hergestellt? Jetzt endlich erfuhr ich auch das Geheimnis. Vater drehte es in den Händen, betrachtete es und schüttelte den Kopf. Karl hatte die Schale damit verdickt und gehärtet, daß er es in Kalk gewälzt und oben auf die Spitze noch einen Klumpen Kalk gedrückt hatte.

„Ich dachte nicht daran, daß ich damit betrog!" beteuerte Karl weinend. „Ich meinte, ich könnte so erfinden wie Vater, und damit könnte ich dann viel Eier gewinnen."

„Die du anderen wegnahmst, das bedachtest du nicht!" sagte Vater streng. Dann stutzte er, schaute Karl durchdringend an und fragte: „War das Nest voll Eier, das Minchen heute früh fand, etwa auch durch dies Wunderei gewonnen worden?"

„Die sind vom Poscheiersingen!" rief ich hilfsbereit. O weh, da kam das Unternehmen auch noch ans Tageslicht.

Zunächst wurde Karl dann einmal unserer Guste zur Säuberung und Umkleidung überantwortet. Und dann mußten Karl und ich mit unserem Korb voll Eier losziehen und jedem der Beraubten sein Teil zurückerstatten. Das war eine bittere Strafe, und allein hätte sie Karl kaum ausgeführt. Schließlich ging ich ohne ihn in die Häuser und sagte meine Sprüchlein her. Jeder bekam seine Eier zurück, und ich war so freundlich und artig wie nur möglich dabei, nur bei

Pauls Mutter konnte ich mir nicht verkneifen zu sagen: „Das dritte Ei kann ich Paul nicht wiedergeben. Das klebt auf Karls Sonntagsjacke!"

Als wir endlich mit leerem Korb heimkehrten, war Mutter allein in der Stube. Vater und Onkel Ferdinand gingen im Garten auf und ab.

„Kommt einmal her zu mir!" sagte Mutter. Sie legte uns beiden die Hände auf die Schultern und schaute uns ernst, aber liebevoll an.

„Ihr solltet von Vater noch eine Strafe haben, du besonders, Karl!" fuhr sie fort. „Aber ich habe für euch gebeten, weil Ostern ist."

Ostern! Ich hob die Augen. Ich merkte jetzt erst, wie schön, wie österlich der Tag war. Auf Mutters glänzend poliertem Nähtischchen stand ein Strauß gelber Narzissen. Die blütenweißen Vorhänge bauschten sich im leisen Frühlingswind. Sonne war draußen über den Hängen und ein bräunlicher Schleier von Knospen über dem Wald. Und Mutter war umstrahlt von Osterlicht.

„Habt ihr überhaupt vor lauter Streben nach vergänglichen Ostereiern in den letzten Tagen daran gedacht, daß Ostern ist, und warum wir Ostern feiern?" fragte Mutter. „Hast du, Karl, als du am Karfreitag dies Ei zurechtmachtest, dich dessen erinnert, der an diesem Tag für all unsere Schuld, auch für deine, gestorben ist? Er hat am letzten Tag zu Seinem Jünger Petrus gesagt: ‚Der Satan hat euer begehrt, daß er euch möchte sichten wie den Weizen. Ich aber habe für dich gebeten, daß dein Glaube nicht aufhöre. Und wenn du dermaleinst dich bekehrst, so stärke deine Brüder.' Auch euch, meine Kinder, hat der Satan begehrt. Auch für euch, für dich, Karl, hat der Herr gebeten, und auch für dich gilt das Wort: ‚Wenn du dich dermaleinst bekehrst, so stärke deine Brüder!' Karl, du bist mein ältester Sohn, euer Vater und ich werden nicht immer bei euch bleiben. Stärke deine Geschwister! Versprich mir das an diesem Ostertag!"

Weinend legte Karl seine Hand in Mutters Hand. Mutter faßte nach Karls Wunderei, das vor ihr auf dem Nähtischchen lag.

„Dies Ei wird nicht gegessen, Karl!" sagte sie. „Wahrscheinlich könntest du die harte Schale auch gar nicht zerschlagen. Das hebst du dir auf, und wenn ich nicht mehr bin und dich nicht mehr mahnen kann, wenn du wieder nach irdischen Schätzen strebst, dann soll dir dies Osterei zurufen: Vergiß nicht, was dir Mutter am Ostertag gesagt hat! Vergiß die wahre Osterfreude nicht!"

Als Mutter längst heimgegangen und Karl schon ergraut war, sah ich bei ihm in einem Schreibtischfach das blaurote Wunderei.

„Vater, was hast du denn da für ein Osterei?" fragte der junge Karl den alten Karl.

Mein Bruder schaute mich an und blinkte mir zu.

„Das erzähl' ich dir mal in einer stillen Stunde!' antwortete er dann seinem Sohn. „Das ist nämlich ein Wunderei! Es bewahrt mich und mahnt mich, nicht wahr, Annchen, du kennst es noch!"

Ich nickte meinem Bruder zu. Ja, er hatte sich von diesem Wunderei mahnen lassen. Er war uns Geschwistern ein starker Helfer gewesen und dem Herrn und Osterhelden ein aufrichtiger Jünger.

EINE VERLOBUNGSGESCHICHTE

Im sonnigen Haus, in unserer Familie Wächter, hatte sich etwas Unfaßbares ereignet, d. h. es sollte sich noch ereignen. Aber wir Kinder standen schon so fassungslos davor, als wenn uns angekündigt worden wäre, sämtliche Kirchtürme der Stadt im Tal wollten auf die Reise gehen. Ebenso fest und unbeweglich wie diese Kirchtürme zu unserer Stadt gehörten, gehörte unsere liebe Mutter zu uns, in das sonnige Haus auf dem Berg. Und nun wollte Mutter von uns fort, nun wollte Mutter verreisen. Richtiger gesagt wäre: sie sollte verreisen. Vater wollte es, und Mutter, ja, die war noch eine Frau der guten alten Zeit: was Vater wollte, das wollte sie auch. Er wollte es in der allerbesten Absicht. Er wollte Mutter eine Freude machen. Ob es ihr wirklich eine Freude war? Wer kann das wissen? Sie lächelte dazu, so wie sie ihr Leben lang zu Gutem und auch Ungutem freundlich still gelächelt hat.

Für uns Kinder war es auf keinen Fall eine Freude, das stand außer aller Frage. Aber was Vater bestimmte, das war unantastbares Gesetz, daran gab es nichts zu rütteln. Da mußten wir uns stillschweigend fügen, so schrecklich es uns auch diesmal war.

Noch entsetzter waren wir, als wir erfuhren, daß unsere älteste Schwester Emma die Eltern begleiten sollte. Wenn wenigstens Emma, Mutters äußeres und inneres Ebenbild, bei uns geblieben und Mutter vertreten hätte! Dann wäre unser Kummer nur halb so groß gewesen, und wir wären uns nicht so jämmerlich verlassen vorgekommen.

„Emma macht sowieso nächstes Jahr eine ganz große Reise, wenn sie mit ihrem Bräutigam nach Afrika fährt", maulte Alwine.

„Gerade weil Emma bald eine so sehr weite Reise macht und dann für lange Zeit von uns getrennt ist, soll sie jetzt noch einmal mit ihren Eltern eine kleine Reise machen, damit sie uns noch einmal allein gehört und sie eine kleine Freude hat zum Dank für alles, was sie für euch getan hat", antwortete Vater darauf.

Da senkte Alwine beschämt den Kopf, und wir alle schämten uns mit ihr. Es war gewiß sehr selbstsüchtig von uns, Emma bei uns behalten zu wollen und ihr diese Reise nicht zu gönnen. Sie hatte es wirklich um uns verdient, und es würde ihr eine besondere Freude sein, wenn ihr die Eltern und besonders Mutter einmal allein, ohne uns andere zehn, gehörten.

Wer wagte dagegen etwas einzuwenden? So standen wir denn eines Morgens auf unserem Berg und sahen Vater, Mutter und Emma nach, wie sie zu Tal wanderten. So betrübt wir waren, wir waren auch stolz, wie die drei so stattlich und würdig da hinabschritten.

„Einfach großartig!" brummelte Guste andächtig.

„Wie die Kaiserin!" seufzte Minchen gefühlvoll.

„Die Kaiserin wäre froh, wenn sie so aussähe!" knurrte Guste, und über diese Bemerkung waren wir damals alle entsetzt bis auf unsere drei Kleinsten, die noch nicht verstanden, was für ein Verbrechen Guste damit begangen hatte. Minchen schrie sogar auf und hielt sich die Hand vor den Mund, obwohl sie ja diese entsetzlichen Worte gar nicht ausgesprochen hatte. Auch Karl schaute sich scheu um und flüsterte: „Hoffentlich hat das niemand gehört!"

Ja, das war dazumal eine Majestätsbeleidigung. Dies Vergehen kennt man heute wohl nicht mehr; auch so stattliche, bescheidene und doch stolze Frauen und Mädchen wie Mutter und Emma gibt es wohl kaum noch heutzutage. Und was für großartige Kleider sie trugen! Diese Rüschen und Falten und Falbeln und Schleifen, diese nach hinten weit ausholenden Röcke! Wirkten sie nicht wahrhaft majestätisch?

Kein Mensch mochte ahnen, daß Mutters Staatskleid aus einem abgesetzten Kleid von Tante Ewertsbusch geschneidert worden war und daß Emma ihr altes Blaues noch einmal aufgefrischt und umgeändert hatte.

Vater kam uns mit seinem hohen Hut und seinem Schlippenrock auch sehr würdevoll vor, und so sahen wir sie denn betrübt und auch wiederum voller Genugtuung drunten im Tal entschwinden.

„Was haben wir für feine Eltern!" stellte Lenchen mit einem tiefen Aufatmen fest, und diesmal nickten wir alle zustimmend.

Bloß Alwine fügte kleinlaut hinzu: „Aber nun reisen sie so schrecklich weit fort!" Man merkte, daß ihr die Tränen nahe waren.

Doch da griff unsere Guste wieder ein, die sich bisher nach ihrer Majestätsbeleidigung etwas im Hintergrund gehalten hatte.

„Faltet mal schnell die Hände, ehe sie ganz fort sind!" befahl sie, „und nun beten wir alle: Jesu, geh voran auf der Eisenbahn!"

Dies Sprüchlein habe ich in meinem späteren Leben

noch oft vor einer Reise wiederholt, und es ist mir immer wie damals kein Scherz, sondern bitterernst gewesen.

Aber nun habe ich ja ganz vergessen zu berichten, wohin die drei reisten. Gut, daß ich nur für die Menschen, die ich liebe, hier meine Erinnerungen aufschreibe. Da brauche ich mich nicht darum zu entschuldigen oder die ganze Geschichte noch einmal umzuarbeiten oder neu zu beginnen.

Also: die drei fuhren ins Hessenland. Was heute für ihre Enkel ein Sonntagsausflug sein mag, schien uns damals schier eine Weltreise, gefährlicher und beängstigender als jetzt ein Flug nach Amerika. Sie fuhren auch nicht nur zum Vergnügen. Große oder auch nur kleine Urlaubsreisen gab es damals noch nicht für einfache Bürgersleute. Meines Vaters Vater stammte von dorther. Ich habe früher immer steif und fest behauptet: aus Wolfenbüttel, obwohl mich meine Tochter auslachte und ebenso steif und fest behauptete, diese Stadt läge nicht in Hessen. Bei der in Deutschlands Unglückszeit vorgeschriebenen Ahnenforschung stellte sich dann heraus, daß ich mich als Kind verhört oder nicht recht behalten hatte, daß es sich um den Ort Wolfshagen handelte. In der dortigen Gegend leben heute noch Nachkommen der französischen Hugenotten, die um ihres evangelischen Glaubens willen ihr Vaterland verlassen mußten. Mein Vater, dem man an seinen dunklen Haaren und Augen noch die fremdländischen Urahnen ansah, war sehr stolz darauf, von solch treuen Christen abzustammen. Er selber war bisher nie in Wolfshagen gewesen. Nun war dort eine sagenhafte Urahne gestorben, deren einziger Erbe er war. Es würde bei dieser Erbschaft nicht viel herauskommen, meinte er, besonders wenn der Erlös des Häuschens und der Möbel noch unter uns zehn Kindern verteilt werden sollte. Darum wollte er Mutter damit eine Freude, diese kleine Reise, machen, da bisher er nur immer von ihrer Familie, von Großvater, Zuwendungen bekommen hätte. Einige wertvollere Stücke, vielleicht gar noch ein Andenken an die Urheimat seiner Familie, sollten aber von Mutter und Emma eingepackt werden, so daß die beiden, die auch beim Ordnen und dem Verkauf der anderen Habseligkeiten Vater zur Seite stehen sollten, zu Mutters Trost doch nicht bloß zum Vergnügen mit ihm reisten. Daß wir etwas mitgebracht bekommen sollten, wahrscheinlich sogar etwas Besonderes, Seltenes, das war der einzige Trost für uns zurückgebliebenen Kinder.

Unser Karl träumte mal wieder von etwas Ausgefallenem, einem goldenen Krönchen. Die Verstorbene war nämlich ein adliges Fräulein de Roux gewesen, „mit o-u-x" betonte Karl. Ein zierliches Krönchen hätte zwar auf seinem dicken blonden Jungenkopf kaum schön ausgesehen, eher auf Minchens dunklen Locken.

Minchen war von Kind an unsere „Feine" gewesen. „Mamsellchen" hatten wir sie genannt. Seit sie im Haus des Kommerzienrats Wittenstein als Zofe war, hatte sich dies „Feine" noch mehr ausgeprägt. Das soll nun nicht heißen, daß sie uns Geschwistern fremd geworden wäre und wir sie nicht mehr gern hatten. Aber lieber wäre uns doch gewesen, wenn an ihrer Stelle unsere derbe Guste Mutter vertreten hätte, und wir bedauerten sehr, daß Guste gerade jetzt in

Tante Ewertsbuschs Haushalt und Metzgerei unabkömmlich war, weil Onkel Ewertsbusch mal wieder mit seinem Hexenschuß zu Bett lag.

Minchen bedauerte es unzweifelhaft noch viel mehr. Gewiß, sie verbrachte jeden freien Nachmittag und Abend im Elternhaus, und das tat sie nicht gezwungen, sondern aus eigenem Antrieb. Aber es war ja etwas anderes, abends mit einer feinen Handarbeit im gemütlichen Kreis zu sitzen, zu singen und zu plaudern, als jetzt diesen selben Kreis als Hausfrau zu leiten und zu versorgen. Da hörte bestimmt manchmal die Gemütlichkeit auf, und so vornehm wie im Haus des Kommerzienrats ging es auch nicht zu.

Lieber hätte Minchen die beiden Fräulein Wittenstein und ihre Mutter nach Bad Pyrmont begleitet, und bestimmt hätte sie gern ebenso stolz wie Guste verkündigt, daß sie unabkömmlich wäre. Aber Frau Wittenstein hatte bereitwillig versichert, daß Mutter unbesorgt reisen könnte, und erklärt, daß es ihren Töchtern nur guttäte, wenn sie sich einmal ohne Minchens geschickte Hände behelfen müßten.

Da hatte sich denn Minchen in ihr Schicksal als stellvertretende Hausfrau ergeben. Ergeben ist wohl der treffende Ausdruck. Unser Mamsellchen hatte nämlich eine so wunderschöne Art, den hübschen Kopf ergeben zu neigen und die schönen dunklen Augen dabei zur Zimmerdecke zu heben. Das tat sie auch an jenem Abend nach der Abreise, als sie uns einen Stollen Brote mit Butter bestrichen hatte, und dabei seufzte sie gefühlvoll: „Ich bin wie eine Mutter zu euch!"

„Aber wie eine Stiefmutter!" murrte Karl mit vollen Backen. „Du hast die Butter so draufgekratzt, daß du am Ende der Woche ein Pfund mehr im Topf hast!"

„Hast du das bei Kommerzienrats gelernt?" piepste ich durch Karls Keckheit ermutigt.

„Nein, sie spart schon für nächsten Sonntag für ihre Einladung!" fuhr Karl noch kühner fort.

Pitsch – patsch – pitsch! Da saß auf seinen Backen die Antwort von Minchens gewandter Hand.

Ein mörderisches, dreistimmiges Geheul antwortete von der Gegenseite. Dreistimmig? Nun, unser Jüngster, der seit Mutters Abschied schon den ganzen Tag gequengelt hatte, brüllte lauthals mit, und ich stimmte aus Sympathie in meines Lieblingsbruders Schmerzensgeschrei ein.

Bei den Jungen blieb es aber nicht bei dem. Karl war aufgesprungen. Wilhelm fühlte sich als sein Bundesgenosse zur Hilfe verpflichtet und lief nun auch um den Tisch herum auf Minchen zu. „Warte!" drohte er mit geschwungenem Butterbrot.

Nun schrie Minchen auf, und sie wurde wiederum in ihrem Geschrei von Lenchen und Alwine unterstützt. Aber ehe es zu etwas Schlimmerem kommen konnte, wurde die Tür geöffnet, und eine fröhliche Stimme rief: „Na, ihr seid ja eine sonnige Familie! Heute ist wohl bei euch zur Abwechslung Gewitter mit Niederschlägen?"

Es war Lehrer Werner, Emmas Verlobter, der einmal „so im Vorbeigehen" nach seinen verlassenen Schwägern und Schwägerinnen sehen wollte.

Unsere Guste war mit ihm gekommen. „Was ist denn das für ein Radau?" grollte sie. „Man kann euch ja unten im Tal hören! Wenn das Mutter wüßte!

Und Vater erst! Kaum sind sie fort, da ist es aus mit aller Liebe und Freundlichkeit! Schämt euch!"

Wir schämten uns wirklich. Wir Kleineren senkten die Köpfe und schielten mit schlechtem Gewissen nach Minchen. Aber sie hatte auch kein gutes Gewissen und beklagte sich nicht über uns.

„Gut, daß du kommst!" sagte sie zu unserem Schwager. „Ich kann ja heute nicht zum Chor, und da wollte ich dich bitten, diese Briefchen mitzunehmen. Mutter hat mir erlaubt, mir zum Trost und zur Belohnung meine besten Freunde aus dem Chor zum Sonntagnachmittagskaffee einzuladen." Sie holte fünf zierliche Briefchen aus dem Klappschrank.

„Zum Trost ist gut!" raunte mir Karl zu, „und womit sollen wir uns trösten?"

„Du kannst ruhig in den Chor gehen, Minchen, ich mache hier schon alles fertig!" erbot sich die gutmütige Guste.

„Aber dann kann man doch ihre schöne Schrift nicht bewundern, wenn sie mündlich einlädt!" widersprach Wilhelm.

„Die Einladungen kann Minchen trotzdem überreichen", tröstete unser Schwager, „feine Leute laden immer schriftlich ein."

„Dann muß sie das bei ihrem Schuster unbedingt tun!" brummte Karl.

„Eure Spöttereien habe ich satt!" schalt Minchen mit heißen Wangen, „und ich verbiete dir, Herrn Kühne Schuster zu nennen. Er ist Schuhmachermeister, hat ein Ladengeschäft, zwei Gesellen . . ."

„Und bloß noch keine Frau!" fiel Karl ein.

Minchen wollte auf Karl zugehen. Da trat unser Schwager dazwischen. „Kinder, Kinder", mahnte er,

„ich kenne euch ja nicht wieder! Ist das das sonnige Haus, die fröhliche Familie? Kaum ist die Mutter fort, benehmt ihr euch wie die Kinder Israel, wenn sie keine Richter hatten oder Mose auf dem Berg war."

„Wir tanzen aber nicht um das goldene Kalb!" widersprach das bibelkundige Lenchen.

„Nein, aber um euer böses Ich!" entgegnete Werner. „Warum ärgert ihr eure Schwester? Und du, Minchen, warum läßt du dich mit dem Wort ‚Schuster' ärgern? Schuster waren von alters her Sinnierer und Dichter wie der Meistersinger Hans Sachs oder gar Jakob Böhme. Auch unser Freund Kühne ist ein tief veranlagter Mann, eine Stütze des Kirchenchors und des Jungmännerbundes, ein treuer, aufrichtiger Christ!" Minchen ging still hinaus.

„Zieh dich rasch um für den Chor!" rief Guste hinter ihr drein.

„Ich werde ihn von jetzt ab Fußbekleidungskünstler nennen!" brummte sie dann und ging in die Küche.

„Untersteh dich!" schalt unser Schwager. Er lachte aber dazu.

Wir anderen lachten nicht. Wir schämten uns.

In den nächsten Tagen bemühten wir uns, uns ordentlich zu benehmen, obwohl mit Minchen immer schlechter umzugehen war, je näher der Sonntag rückte. Sie war zwar stundenweise sehr gut aufgelegt und sang mit ihrem hellen Sopran wie eine Lerche. Dann aber fegte sie unruhig im Haus umher, legte neue Deckchen auf Sofa und Sessel, polierte die Möbel, und nichts war ihr blank und schön genug. Wir Kinder mußten sämtliche Zinnteller und die große Zinnkanne, die „Dröppelminna", scheuern, daß unser Kater sich darin spiegelte. Aber wenn sich Kater Cäsar auch bewundernd davorsetzte, Minchen rieb doch noch selber nach.

Am Sonntagnachmittag strich oder vielmehr kratzte Minchen für uns jüngere Geschwister einen Stoß Butterbrote. Zuerst wollte sie uns damit in den nahe gelegenen Wald, den Armenhäuser Busch, schicken. Aber dann fiel ihr noch rechtzeitig ein, daß sich vor Jahr und Tag Karl dort einmal die Sonntagshose zerrissen hatte. Wir versprachen ihr zwar bereitwillig, uns in acht zu nehmen und auf keinen Baum zu klettern. Aber Minchen traute uns nicht zu, gegen solche Versuchungen des Armenhäuser Busches standhaft zu bleiben. Desgleichen lehnte sie unser ebenso bereitwilliges Angebot, die Alltagskleider anzuziehen, ab. Sie fürchtete, Sonntagsspaziergänger, die uns begegneten, könnten ihr das übel auslegen, als wenn sie uns in Mutters Abwesenheit vernachlässigte.

Kurzum, wir wurden in den hinteren Garten verwiesen und schoben uns widerwillig aus der Haustür hinaus.

„Sie will uns bloß verstecken, damit ihr Schuster sich nicht fürchtet, so viele Schwäger und Schwägerinnen zu bekommen!" brummte Karl.

„Oder selber später auch so viele Kinder!" flüsterte Lenchen. Alwine lachte laut.

„Alwine!" rief da Minchen hinter uns drein. Ich dachte schon, unsere große Schwester hätte unser ungebührliches Gespräch gehört, und lief mit Alwine zurück, um der jüngeren Schwester beizustehen. Aber nein, Minchen bat Alwine nur, auf das Herdfeuer aufzupassen, indessen sie selber ihren Gästen den Berg hinab entgegengehen wollte. Wenn sie dann mit ihnen zurückkam, sollte das Kaffeewasser kochen, damit sie gleich aufgießen konnte.

Alwine, die Minchen mit ihren dunklen Augen und Locken am meisten glich, war vielleicht wegen dieser Ähnlichkeit Minchens Liebling. Daß unsere kleine „Winz" ihrer großen Schwester aber gar nicht so treu ergeben war, das sollten wir bald merken.

Wir standen noch hinter dem Haus und überlegten, wie wir uns die Zeit vertreiben sollten. Auf solch kleinem Raum war es für eine Schar wie wir kaum möglich, Lauf- und Bewegungsspiele zu machen.

„Ich weiß etwas", sagte endlich Lenchen, „wir üben eine Begrüßungsmusik ein!"

„Au fein!" stimmte Karl bei.

„Für Minchens Gäste?" fragte ich erstaunt.

„Quatsch!" antwortete mein Bruder grob, „für Vater und Mutter und Emma! Ich hole mit Wilhelm noch schnell aus dem Keller ein paar Topfdeckel und Holzscheite und zwei Bottiche. Und dann kann's losgehen!"

Als die beiden mit den eigenartigen Musikinstrumenten wieder ans Tageslicht kamen, erschien gerade Alwine unter der Küchentür.

„Ist Minchen fort?" raunte sie geheimnisvoll.

Unser kleiner Hermann lief zur Hausecke. „Da unten geht sie schon!" krähte er.

Ich huschte zu ihm und schaute nach, weil man dem Kleinen nicht immer glauben konnte. Ja, da wandelte unsere feine Schwester geruhsam zu Tal, und die Sonne leuchtete auf ihrem glänzenden Braunseidenen. Es war gewiß ein anmutiges Bild.

„Nun komm doch schnell, Annchen!" rief Alwine. „Kommt rein!"

Wir drängten uns alle in die Küche. Lenchen stieß die Verbindungstür zum Wohnzimmer auf.

„O wie fein!“ rief sie und betrachtete bewundernd den gedeckten Tisch, auf dem ein Riesenkuchen prangte und zierliche Blumenkränzchen die Gedecke umrankten.

„Kommerzienratsfisimatenten!“ brummte Wilhelm.

„Was steht denn auf den Kärtchen, die neben den Tellern liegen?“ fragte ich neugierig.

Ich wollte zusehen, aber Alwine rief eifrig: „Laß das jetzt! Wir haben nicht viel Zeit! Schaut lieber hier in den Schrank!“

Das schlaue Schwesterlein huschte zum Küchenschrank und kletterte gewandt auf einen kleinen Schemel, den es schon davorgerückt hatte, um besser in das obere Fach hineingucken zu können.

„Vorhin, ehe sie ging, hat Minchen hier hineingeschaut und dabei so stolz gelächelt“, berichtete Alwine dabei hastig, „da bin ich neugierig geworden.“

„Das warste schon immer!“ fügte Wilhelm hinzu, aber keiner achtete auf seine Bemerkung.

Wir drängten uns alle hinter Alwine. Die Kleineren versuchten hinter ihr auf den Schemel zu klimmen, wir schubsten uns gegenseitig, wie eine Traube hingen wir aneinander und übereinander.

„Der Schemel kippt um!“ schrie Alwine und griff Halt suchend nach dem Schrank. Die Tassen und Teller darin klirrten bedrohlich. Lenchen faßte schnell zu. Karl schlug Alwine auf die Finger.

„Laß den Schrank los!“ brüllte er, „sonst kippt er mit sämtlichem Geschirr um! Dann lauf ich aber weg!“

„Kommt sofort runter!“ befahl jetzt auch Lenchen

und zerrte Hermann und Alwine vom Schemel. Hermann wehrte sich schreiend und zappelnd.

„Bist du wohl still!" schalt Karl, „sonst hört es Minchen und kommt zurück!" Mit seinen kräftigen Händen wischte er uns alle von unserem Aussichtsturm, dem Schemel, herunter. Dann aber kletterte unser Herr Bruder selber hinauf. Er starrte in den Schrank hinein, und wir starrten wiederum auf ihn. Es sah aus, als schwölle er an. Sein Kopf wurde puterrot, und seine Augen quollen immer mehr hervor, so daß ich an den Froschkönig denken mußte.

„Toll!" murmelte er.

„Lauter Mandeltörtchen sind in der Suppenterrine!" flüsterte uns Alwine ehrfürchtig zu, „und auf der großen Platte daneben . . ."

„Nimm mal an, Lenchen!" befahl da Karl und reichte die Kuchenplatte herunter.

„Ah! Oh!" staunten wir allesamt. Was wir da sahen, das hatten wir bisher nur vom Hörensagen gekannt oder höchstens mit plattgedrückten Nasen in den Schaufenstern der feinen Konditorei in der Alleestraße bewundert.

„Und dafür hat sie uns die Butter nur gekratzt, dafür hat sie gespart!" grollte Karl. Und dann drehte er sich entschlossen um. „Gebt mal eure Stullen her!" befahl er.

Verständnislos streckten wir ihm unsere dicken Doppelschnitten hin.

„So", sagte er mit düsterer Entschlossenheit, „jetzt tauschen wir! Ihre Geschwister müssen Minchen näherstehen als fremde Leute!" Und schon steckte er unserem kleinen Hermann einen dicken Mohrenkopf in die Hand, Alwine einen Sahneballen und mir ein Kremschnittchen. Unsere Butterbrote legte er auf die Kuchenplatte.

„Und nun schnell raus!" rief er dann, und während er die Platte in den Schrank zurückstieß, stoben wir schon zur Tür hinaus. Im Laufen stopften wir die ungewohnten Süßigkeiten in uns hinein. Genuß haben wir nicht davon gehabt. Ja, ich fand, daß mein Kremschnittchen solch bitteren Beigeschmack hatte, daß ich heute noch vor diesem beliebten Gebäck eine Abneigung habe. Aufatmend hielten wir im äußersten Winkel des Gartens ein.

Wir schauten uns gegenseitig an. Hermann hatte einen Schokoladeschnurrbart, Lenchen wischte sich die Krümel ab, Karl leckte seine Finger sauber. Keiner sprach. Ich glaube, es grauste uns vor unserer eigenen Kühnheit.

„Was machen wir nun?" fragte ich endlich.

„Wir üben unsere Musik!" schlug Lenchen vor. „Paßt auf, was ich mir ausgedacht habe!" Sie sang uns vor:

„Ihr seid jetzt wieder da!
tsching-bum, tsching-bum, tsching-bum!
Wir singen laut: Hurra!
tsching-bum, tsching-bum, tsching-bum!"

Und dann legten wir los! Bei jedem Tsching-bum schlugen wir die Topfdeckel aneinander und klopften mit den Holzscheiten auf die Bottiche. Wir taten es mit solch einer Wucht, als ob wir unser schlechtes Gewissen damit betäuben wollten.

„Wir freuen uns so sehr!
tsching-bum, tsching-bum, tsching-bum!
Und ihr freut euch noch mehr . . ."

sagte Lenchen vor, und wir schmetterten mit jedem Tsching-bum weiter, daß es mir war, als ob mir der Kopf platzte und die Vögel aus den Bäumen ringsum flüchteten.

Wir merkten in unserem Eifer gar nicht, daß sich uns auf den Buchsbaumwegen des Gartens eine Gruppe Erwachsener näherte. Als ich zufällig aufblickte, sah ich in geringer Entfernung vor mir meine Schwester Minchen. In ihrem Gesicht war ein seltsames Gemisch von Entsetzen und Zorn. Es war noch nicht abzusehen, ob sie gleich sanft in Ohnmacht fallen oder energisch zwischen uns Radauschläger fahren würde.

Neben ihr stand ein stattlicher blonder Mann, der in seinem schwarzen Bratenrock gewiß sehr feierlich ausgesehen hätte, wenn er nicht gerade herzhaft gelacht hätte.

Nach und nach verstummte einer nach dem anderen von uns Musikanten.

„Wunderbar!" lobte da der blonde Mann, „dieser Rhythmus, diese fröhlichen hellen Kinderstimmen, diese harmlose Freude! O Fräulein Minchen, wie glücklich müssen Sie sich schätzen, in der Schar dieser Geschwister aufgewachsen zu sein, die wie die Zweige des Ölbaums sprießen!"

Minchens Gesicht veränderte sich zusehends. Zuerst ungläubig staunend, dann immer befreiter lächelte sie mit roten Wangen zu dem stattlichen Schuhmachermeister auf.

Ich atmete auf. Die erste Gefahr war vorüber! Aber da flüsterte es ängstlich hinter mir: „O Annchen, ich hab' ja nicht auf das Feuer aufgepaßt! Jetzt kocht das Kaffeewasser sicher nicht! Aber ich trau' mich nicht mehr in die Küche! Wenn Minchen nachher die Kuchenplatte holen will . . ."

Ich wandte mich zu Alwine um. „Komm!" raunte ich zurück und faßte sie bei der Hand, „wir schlüpfen durch die Stachelbeerhecke ins Haus. Minchen merkt jetzt doch nichts. Wenn sie nachher in die Küche kommt, laufen wir fix raus."

Als wir beide atemlos in die Küche stürzten, wartete unser dort eine freudige Überraschung: unsere Schwester Guste stand da und schüttete gerade den Kaffee auf.

„O Guste!" riefen Alwine und ich wie aus einem Mund und liefen auf sie zu.

„Nicht so stürmisch!" wehrte sie, „was ist denn los?"

„Du mußt uns helfen!" rief ich hastig.

„Darum die Zärtlichkeit!" brummte Guste, „dazu bin ich wieder gut; ihr seht ja, ich helfe doch schon!"

„Ach Guste", fiel Alwine aufgeregt ein, „du mußt uns bei etwas viel Schlimmerem helfen! Wir haben Minchen das feine Gebäck weggegessen und ihr dafür unsere Butterbrote hingelegt. Was soll das geben, wenn sie gleich die Platte holen will! O Guste, hilf uns doch, daß es wieder in Ordnung kommt!"

„Das ist ja die Höhe!" schalt Guste, „eine Räuberbande seid ihr geworden, kaum daß Mutter fort ist! Nun, jetzt löffelt die Suppe aus, die ihr euch eingebrockt habt. Ich kann auch nicht Stroh zu Gold spinnen und Schwarzbrote in Kuchen verwandeln!"

„Hilf uns doch, Guste!" schluchzte Alwine.

„Liebe, liebe Guste!" schmeichelte ich, „laß uns doch nicht im Stich!"

Guste krauste nachdenklich die Stirn. Wir beobachteten sie gespannt.

„Gebt die Platte her! Schnell!“ befahl sie dann. „Ich habe eine Prachtwurst für euch mitgebracht. Die müßt ihr jetzt drangeben! Ich schneide sie fix auf. Du, Alwine, klappst jede Stulle auseinander, und du, Annchen, legst eine Scheibe dazwischen! Aber galopp, galopp!“

Alwine und ich gehorchten mit bebenden Fingern. Kaum war die verbesserte Platte wieder im Schrank verschwunden, da trat auch schon Minchen ein.

„O Guste!“ sagte auch sie erstaunt. Aber sie schien weniger begeistert von Gustes Anwesenheit als wir. „Was tust du denn hier?“ fragte sie kühl.

„Für deine Gäste Kaffee kochen, wie du siehst“, antwortete Guste. „Hab keine Angst, ich habe keine Zeit und keine Lust, mich mit an den feinen Tisch zu setzen. Ich bin ja auch gar nicht eingeladen. Ich habe nur Tante Ewertsbusch den Berg heraufgebracht. Die mußt du ja wohl als Anstandsdame bei euch jungen Leuten haben. Ich lauf' jetzt gleich wieder bergab und richte das Abendbrot für den Onkel und die Gesellen.“

„Du kannst die Kaffeekanne reintragen!“ erlaubte Minchen gnädig, „das Gebäck will ich selber bringen.“ Sie näherte sich dem Schrank. Alwine und ich drückten uns noch fester hinter die geöffnete Wohnzimmertür, hinter der wir bei Minchens Erscheinen Schutz gesucht hatten.

Und dann ertönte ein Schrei. Minchen wankte, lehnte sich gegen die Wand. Es sah aus, als wenn sie wirklich ohnmächtig werden wollte. O wie mein Herz klopfte! Ich preßte Alwines eiskalte Hand.

Guste kam herbeigeeilt. „Laß nur, ich trag sie schon!“ sagte sie und hob mit einem Ruck die Platte aus dem Schrank und eilte damit ins Wohnzimmer.

„Nein, nein, nicht hineinbringen!“ rief Minchen und war auf einmal wieder sehr flink auf den Beinen.

Aber es war zu spät. Mit einem Schwung und freundlichem Lächeln hatte Guste die Butterbrote neben den Napfkuchen auf den festlichen Tisch gestellt. Minchen stand „wie ein Geist oder als wenn sie ein Geist werden wollte“ in der Tür.

„Was hast du denn?“ fragte ihre Freundin Lydia.

„Was haben Sie denn, liebes Fräulein Minchen?“ fragte der Schuhmachermeister besorgt.

„O die Brote!“ seufzte Minchen.

„Aber mein teures Fräulein“, rief da der stattliche Schuhmacher, „Sie werden sich doch nicht nachträglich genieren, uns diese Brote vorzusetzen! Nein, wenn Sie nicht schon mein Herz gewonnen hätten, so hätten Sie es nun endgültig erobert. Das nenne ich Aufrichtigkeit, Schlichtheit, ein Nicht-mehr-scheinen-Wollen! Genau so wurde mir immer wieder Ihre ehrenwerte Familie geschildert. Wenn ich Sie aber so fein und vornehm vor mir sah, so zweifelte ich, wenigstens was Sie betrifft, daran. Ich wagte als schlichter Handwerker gar nicht, meine Augen zu Ihnen aufzuheben. Nun aber sehe ich klar! Keine Leckereien und vornehme Torten prangen hier auf dem Tisch, sondern ein selbstgebackener Kuchen und das liebe Brot. Mit einem Stück Wurst belegt, ist es sowieso mein Leibgericht, wofür ich jede Süßigkeit stehenlasse. Oh, sich zu solch vorbildlicher Familie zu zählen, selber solch eine Familie zu gründen . . .“

„Na, daran hindert Sie ja niemand!“ fiel Tante

Ewertsbusch trocken ein, indessen Minchen immer noch wie eine Bildsäule in der Tür stand.

„Nun setz dich mal endlich zu deinen Gästen, der Kaffee wird kalt!" ermunterte Guste ihre Schwester. Guste selber ging zu uns in die Küche hinaus. Sie klappte die Tür hinter sich zu und brummte: „Der Mann hätte Pastor werden sollen! Mein Fall ist er nicht, aber ich bin ja auch nicht seine Auserwählte!"

Nun, es hinderte den Herrn Schuhmachermeister wirklich nichts und niemand, in unsere Familie aufgenommen zu werden. Bald nach der Eltern Rückkehr kam er so feierlich, wie es nun einmal seine Art war, zu uns den Berg heraufgestiegen, um sich Minchen als Braut zu erbitten.

Minchen hat uns damals noch nicht einmal bestraft.

„Ihr gedachtet es böse zu machen", sagte sie am Abend dieses denkwürdigen Tages fast so feierlich wie ihr Zukünftiger zu uns, „Gott aber hat es gut gemacht."

Wir waren heilfroh, daß wir so gnädig davongekommen waren. Ja, Gott hatte es wirklich gut gemacht. Unser dummer, häßlicher Streich hatte Minchen zu einem Mann verholfen und außerdem zu der Schlichtheit, die sie im Haus des Kommerzienrats beinahe verloren hätte.

Als ich nach Jahrzehnten einmal in ihrem Haus zu Gast war und mir mein Schwager würdig wie immer gegenübersaß, spielte doch ein Lächeln um seinen weißen Patriarchenbart, als er dem fleißigen Hantieren seiner immer noch hübschen und zierlichen Frau aus der Ferne zusah.

„Was mich an Minchen immer besonders angezogen hat", sagte er zu mir, „das war ihre Anspruchslosigkeit und Schlichtheit. Als junger Mann hätte ich fast nicht gewagt, sie um ihre Hand zu bitten. So fein und beinahe hochmütig erschien sie mir, daß ich sie mir als Handwerkersfrau gar nicht vorstellen konnte. Doch dann kam die Geschichte . . .", er lächelte noch herzlicher in seinen Bart hinein.

„Dann kam die Geschichte mit den Butterbroten!" fiel ich ein.

„Woher weißt du das denn? Du saßt doch nicht mit am Tisch. Ich habe dich an jenem Nachmittag nicht in der Stube gesehen", fragte er.

„Weil mein Butterbrot auch dabei war!" hätte ich beinahe geantwortet.

Aber wenn Minchen, die ihrem Mann gewiß nie etwas verheimlicht hat, ihm dies nicht erzählt hatte, so sollte sie dies Geheimnis auch noch nach 40 Ehejahren für sich behalten. Wer weiß, wozu es gut war!

DENNOCH EINE FRÖHLICHE FAMILIE

„Was seid ihr eine fröhliche Familie!" sagte Tante Berta Ewertsbusch, als sie an einem Sonntagnachmittag den Berg zu uns heraufgekeucht war. Der guten behäbigen Metzgermeistersfrau fiel es immer ein wenig schwer, den Pfad zu unserem Haus auf der Höhe hinanzuklimmen. Aber nicht allein darum kam sie so selten zu uns, sondern auch weil in der großen bekannten Metzgerei Ewertsbusch immer so viel Betrieb war, daß sie sich kaum frei machen konnte.

„Ihr habt's gut!" redete sie an diesem Nachmittag weiter und ließ sich mit einem tiefen Seufzer neben Mutter auf der Bank vor dem Haus nieder.

„Du hast es doch noch besser", rief unser Karl vorwitzig, „du hast doch viel mehr Geld als wir!"

Wir anderen Kinder, die rings um unsere Mutter saßen und mit ihr gesungen hatten, sahen ihn strafend an, und Mutter streifte ihn mit einem besorgten Blick. Sie bangte damals schon oft um ihn, ob er nicht einmal zu denen gehören würde, die da reich werden wollen und dadurch – wie die Heilige Schrift sagt – in Versuchung und Stricke fallen.

Tante Ewertsbusch strich ihm über den kurzgeschorenen blonden Haarschopf und sagte: „Ach, Kind, Geld macht nicht glücklich! Singt mir geplagten Frau doch eins von euren schönen Liedern! Das macht mir mehr Freude als ein blitzblanker Taler, und solch einen Taler sollt ihr dafür auch von mir bekommen."

„Dann singen wir dir jetzt:

Laßt die Herzen immer fröhlich
und mit Dank erfüllet sein,
denn der Vater in dem Himmel
nennt uns Seine Kinderlein",

schlug Hermann, unser Jüngster, vor. Und dann schmetterten wir alle miteinander so fröhlich, daß es gewiß bis ins Tal hinab schallte:

„Immer fröhlich, immer fröhlich,
alle Tage Sonnenschein!
Voller Schönheit ist der Weg des Lebens;
fröhlich laßt uns immer sein!"

Unsere liebe Mutter ließ dabei ihre Augen über ihre Kinderschar schweifen, und heute ist es mir erst recht bewußt, daß wir es ihr vor allen anderen Menschen zu danken hatten, daß in unserer Kindheit alle Tage Sonnenschein war, daß unser Weg des Lebens voller Schönheit war und daß wir auch schon in früher Jugend den anderen, den richtigen Weg des Lebens erkennen durften.

Allerdings mag an diesem Sonntagnachmittag der blanke Taler der Tante dazu beigetragen haben, daß unsere Fröhlichkeit noch lauter wurde. Wir wußten genau, daß solch ein Taler viel, viel wert war und daß man viel, viel dafür kaufen konnte. Verschleckert oder für nichtigen Tand ausgegeben wurde er gewiß nicht von uns. Wir brauchten diesmal gar nicht zu fragen, was mit ihm geschehen sollte. Er kam ohne Zweifel in die Weihnachtskasse. Ja, schon um die Osterzeit oder noch eher fingen wir an, für Weihnachten zu sparen, jedes in seine kleine tönerne Sparbüchse und dann überdies noch in die allgemeine Weihnachtskasse, die Mutter in ihrem blankpolierten Klappschrank verwahrte.

Weihnachten – ja, das war das fröhlichste Fest in unserer fröhlichen Familie. Schon in der Adventszeit begann diese innige, tiefinnerliche Vorfreude. Dann waren unsere beliebten Dämmerstunden noch viel schöner als gewöhnlich. Wir sangen mit Mutter die alten vertrauten Lieder, jeden Tag sprach sie mit uns ein Wort der Heiligen Schrift, das das Kommen des Herrn ankündigte, und immer wieder lauschten wir ihr mit leuchtenden Augen, wenn sie selber von der Ankunft des Heilands, „auf den die Väter hoffend sahn", erzählte. Wie deutlich sahen wir dann das stille Kämmerlein vor uns, worin die Jungfrau Maria betete und vor dem strahlenden Boten des Herrn, dem Engel Gabriel, erschrak. Wie wurden unsere Herzen immer wieder von ihren schlichten Worten bewegt: „Ich bin des Herrn Magd!" Wollten wir Mädchen damals nicht alle – wie es unsere Mutter uns vorlebte – demütige Mägde des Herrn werden?

Wenn der Vater abends Zeit für uns hatte, wurde unsere Adventsfreude lauter und irdischer. Wir vergoldeten mit ihm Nüsse, flochten Ketten und Körbchen für den Christbaum und halfen ihm – oft nur durch bewunderndes Zuschauen – Esel, Öchslein und viele Schäflein schnitzen, wovon ich heute noch einige aufbewahre.

Und dann kam der Heilige Abend! Was war das ein Jubel. Elf Kinder unter dem Weihnachtsbaum! Gibt es wohl etwas Schöneres als solch einen Kinderreichtum, als einen Lichterbaum mit so viel strahlenden Kinderaugen darunter! Bei der Bescherung las der Vater zuerst das Weihnachtsevangelium, dann sangen wir: „O du fröhliche, o du selige, gnadenbringende Weihnachtszeit.“ Jedes Kind mußte einen Vers, ein Bibelwort aufsagen. Nach dem gemeinsamen Lied „Stille Nacht, heilige Nacht“ nahmen Vater und Mutter dann das große weiße Laken ab, das den Gabentisch bedeckte. Da gab es keine Kostbarkeiten, keine Prunkstücke. In einem Jahr zum Beispiel bekam Minchen den ersehnten Regenschirm, Emma Leinentuch für ihre Aussteuer, Alwine einen Pelzkragen – von unseren selbstgezogenen Kaninchen natürlich – und ich zu meinem Entzücken einen Muff, da ich immer so unter kalten Händen litt. Für die Kleinen war das Schaukelpferd, das bisher ein Apfelschimmel gewesen war, zu einem Fuchs angestrichen worden, und die Puppen prangten in neuen Kleidern oder hatten gar neue Arme oder einen neuen Kopf erhalten. Ein jedes von uns hatte dazu einen gefüllten Teller. O dieser Jubel! Jeder Apfel, jede Nuß wurden gezählt, und wenn eines eine Nuß, einen Kringel weniger hatte, so schob Mutter mit leisem Lächeln das Fehlende dazu.

„Lobt Gott, ihr Christen alle gleich!“ sangen wir meist am Schluß unserer Bescherung. Und wir freuten uns – wir freuten uns so sehr, und nicht allein über unsere bescheidenen Geschenke, sondern auch und vor allem darüber, daß der Heiland geboren war. Daß uns das die Hauptsache bedeutete, dafür hatte auch unsere Mutter gesorgt.

„Die fröhliche Familie! Haus Immerfröhlich!“ So nannte man uns oft scherzend. Aber gewiß ist unsere Mutter nicht immer fröhlich gewesen, kann doch ein

Christ nicht ohne Leid sein, wie es in einem alten Lied heißt. Und in einem Jahr haben wir alle miteinander an unserem fröhlichsten Fest, dem Weihnachtsfest, bittere Tränen vergossen, und es waren – dennoch fröhliche Weihnachten.

Diese traurigen und trotzdem fröhlichen Weihnachten hatten wir unserer ältesten Schwester Emma zu verdanken. Emma war uns allen so etwas wie eine zweite Mutter. Sie glich unserer lieben Mutter nicht nur im Äußeren mit ihren blonden Haaren und blauen Augen, sondern auch in ihrem fröhlichen, ausgeglichenen Wesen war sie ganz die zweite Mutter. Mutter selber aber war sie die beste Freundin, Stütze und Vertraute.

Wir liebten unsere Emma alle sehr. Mit all unseren kleinen Nöten konnten wir uns ebensogut zu ihr wie zu Mutter flüchten, und eines der Kleinsten hing ihr fast dauernd am Rockzipfel. Wir bangten schon vor dem Tag, da sie uns verlassen würde. So stolz ich auch darauf war, daß sich einer meiner Lehrer mit ihr verlobt hatte, so traurig war ich, wenn ich daran dachte, daß sie einmal nicht mehr in unserem Haus auf dem Berg sein würde.

„Gelt, Emma, du gehst noch nicht fort?" fragte ich manchmal leise und schmiegte mich an sie. Das tat ich vor allem, wenn sie einmal ein stilles Stündchen benutzte und einen Brief an ihren Bräutigam schrieb. Dann schlich ich mich zu ihr und bettelte: „Geh noch nicht fort von uns!" Sie lächelte dann und versprach: „Noch nicht, Kleines!" Aber sie schaute dabei mit so verträumten Augen in die Ferne, daß es mir angst wurde und ich vorwurfsvoll klagte: „Ach, du bist ja jetzt schon nicht mehr richtig bei uns!" Dann tröstete mich mein Bruder Karl stolz: „Sei still, wir beide besuchen unsere Emma dann in Südafrika!“ (Emmas Bräutigam war nämlich als Missionslehrer nach Afrika ausgereist.) Ich aber schüttelte unwillig Karls derbe Bubenhand von meiner Schulter und murrte: „Ach, einmal willst du nach Amerika und einmal nach Afrika, und zum guten Schluß bleibst du bis an dein Lebensende hier, wo du geboren bist!“ (Und so ist es auch wirklich geschehen, aber Karls Sohn hat das Fernweh seines Vaters geerbt, er ist jetzt in Amerika, und seine Enkel, ach, die können schon kein Wörtlein Deutsch mehr sprechen.)

In jener Adventszeit waren wir Kinder besonders stolz auf unsere Emma. Sie hatte eine wunderschöne Singstimme, und am Nachmittag des Heiligen Abends sollte sie in der Hauptkirche ein Solo singen.

„Das ist mein Schwanengesang“, sagte sie auf dem Weg zur Kirche zu mir, die ich fröhlich an ihrer Hand durch den Schnee schlitterte und stapfte. „Wirst du denn nun ein Schwan?“ fragte ich höchst verwundert.

Sie lachte. „Nein, Kleines“, erwiderte sie. „So nennt man das letzte Lied, das Lied, das man zum Abschied singt. Die Sage erzählt, wenn ein Schwan sterben muß, so schwingt er sich noch einmal in die Luft und singt ein Lied.“

„Aber du stirbst doch nicht?“ rief ich entsetzt.

„Du bist heute ein kleines Dummes“, sagte meine große Schwester, „du verstehst mich immer noch nicht. Ich meine nur, dies ist mein Abschiedsgesang für unsere Gemeinde. Du weißt doch, daß ich im neuen Jahr nach Südafrika ausreise. Dies ist die letzte Weihnacht, die ich hier mit euch feiere.“

Ich wurde wieder ein wenig betrübt darüber, ich

mochte gar nie daran erinnert werden, daß Emma von uns scheiden wollte. Aber am Heiligen Abend blieb nicht viel Zeit zur Traurigkeit. Wir traten in die Kirche. Die Kerzen auf den beiden hohen Lichterbäumen neben dem Altar leuchteten. Die Augen aller Menschen ringsum leuchteten, alles war voller Erwartung, voller Vorfreude. Brausend setzte die Orgel ein. Die Gemeinde sang das Eingangslied, und ich sang so laut und begeistert mit, daß mir fast war, als ob meine Brust zerspränge. Als ich einmal zu Karl zu meiner Linken und Alwine zu meiner Rechten hinsah, da hatten sie hochrote Köpfe vor lauter inbrünstigem Singen.

Aber am allerschönsten war dann doch Emmas Gesang, der danach von der Orgelempore zu der Gemeinde niederschwebte. Ich merkte, wie viele neben, vor und hinter mir vor Ergriffenheit weinten. Tante Ewertsbusch flüsterte Mutter zu: „Wie ein Engel!"

Mir selber war es, als wäre der Himmel uns ganz, ganz nahe gekommen, so nahe, daß ich ihn ordentlich verspürte, so wie es Weihnachten ja auch wirklich der Fall ist.

Auf dem Heimweg drückte ich mich noch fester an Emma. Ich hüpfte wie ein ausgelassenes Lämmlein neben ihr her und preßte fest ihre Hand. Sie hatte keine Handschuhe angezogen, aber diese Hand war sehr heiß.

Plötzlich wandte sie sich wie hilfesuchend zu Mutter um und sagte: „Mir wird so eng, so heiß!" und schon schoß ein Blutstrom aus ihrem Mund. Ich schrie entsetzt auf. Oh, es war furchtbar, wie dieses Blut unaufhörlich über Emmas Mantel hinab in den Schnee floß.

Ich schrie und schrie, und ich lief und lief immer weiter, den Berg hinauf, unserem Haus zu. Dort vor der verschlossenen Haustür warf ich mich in den Schnee und weinte und schluchzte.

Ich weiß gar nicht mehr, wie ich dann wieder aufgestanden, wie ich ins Haus hineingekommen bin. Ich weiß auch nicht, wie sie Emma nach Hause gebracht haben. Ich erinnere mich noch dunkel, daß Onkel Ewertsbuschs kleiner Wagen mit dem Rappen davor später vor unserer Tür stand. Ich saß mit den anderen Geschwistern dann zitternd und vor Angst und Kälte immer wieder zusammenschauernd in unserer ungeheizten Schlafstube. In der ganzen Wohnung war ein Hin und Her, aber nicht solch fröhliches, geheimnisvolles, wie sonst vor der Bescherung. Einmal kam unsere Zweitälteste, Minchen, zu uns herein. Sie hatte in der Küche zur Hand gehen müssen. Sie berichtete uns, der Arzt hätte gesagt, es wäre in der Lunge eine Ader geplatzt, und helfen könnte er auch nicht viel.

Damals wußte man noch nichts von Tuberkulose und noch weniger von ihrer Heilung. Man machte auch noch keine Blutübertragungen, die einem Menschen, dessen roter Lebensstrom dahingeflossen ist, wieder neue Kraft zuführen können.

Wir saßen alle mit gefalteten Händen auf den Bettkanten, aber ich weiß nicht, ob wir in unserer Verstörung gebetet haben. Und dann kam Mutter zu uns. Sie war totenblaß, aber ihre Augen leuchteten so liebevoll auf uns herab wie immer.

„Kommt, Kinder“, sagte sie, „es ist Zeit zur Bescherung. Wir wollen Weihnachten feiern!“

„Aber Emma?“ stammelte ich. Alle schauten Mutter gespannt an.

„Emma will es durchaus so", erwiderte sie.

Und dann gingen wir in die Weihnachtsstube. Emma lag blaß und still unter dem Weihnachtsbaum. Ja, sie hatte darauf bestanden, daß unsere Feier nicht aufgeschoben würde und sie daran teilnähme. Sie lächelte uns zu, aber sie sprach nicht. Minchen flüsterte mir zu, daß sie wieder einen Blutsturz gehabt hätte.

Diesmal hatte Emma besonders viel zu Weihnachten bekommen. Es waren allerlei Sachen, die sie für ihren Haushalt und sich selber in Afrika gebrauchen sollte. Sie schaute lächelnd über all die Päckchen und Packen hin, die Mutter um sie her aufgebaut hatte. Dann flüsterte sie: „Nun müßt ihr singen! hört ihr? Singt zuerst wie immer: O du fröhliche! und dann: Fröhlich soll mein Herze springen."

Wir gehorchten, aber diesmal wollte kein lauter Jubelgesang zustande kommen. Wir saßen scheu und still auf unseren Plätzen. Mit schwankender Stimme las Vater die Weihnachtsgeschichte vor. Emma hörte mit geschlossenen Augen zu. Danach war es lange still im Raum. Nur die Kerzen knisterten. Plötzlich richtete sich Emma auf und sagte: „Die nächste Weihnacht feiere ich nicht mehr hier."

„Nein", rief Karl, „in Afrika!"

„Nein", entgegnete Emma, „im Himmel!" Sie faßte dabei nach Mutters Hand und flüsterte: „Laßt mich gehen, daß ich Jesus möge sehen!"

Mutter widersprach nicht. Sie fragte: „Wird es dir denn nicht schwer, von uns zu scheiden?"

„Doch, Mutter", erwiderte Emma, „aber ich fühle es, daß ich gehen muß. Ich dachte zwar, ich dürfte dem Herrn noch hier auf Erden unter den Heiden dienen. Und ich habe ja auch Johannes lieb, und ja,

Mutter, es wurde mir schwer, daran zu denken, daß ich euch so plötzlich verlassen muß. Aber nun, hier unter dem Christbaum, habe ich mich durchgerungen O Mutter, denk dir:

Wie wird uns sein, wenn endlich nach dem
schweren,
doch nach dem letzten ausgekämpften Streit
wir aus der Fremde in die Heimat kehren
und einziehn in das Tor der Ewigkeit!"

Sie wandte sich wieder an uns Kinder: „Singt, Kinder, singt! Weihnachten ist ein fröhliches Fest! Soll es denn durch mich ein Trauerfest werden? Ihr sollt eine fröhliche Familie bleiben! hört ihr? Ich habe mein letztes Lied auf Erden gesungen. Bald singe ich im höheren Chor! Nun singt für mich mit!"

Ermattet ließ sie sich zurücksinken. Wieder färbte sich ihr Taschentuch, das sie vor den Mund drückte, rot. Und wir sangen. Wir sangen: „Nun singet und seid froh", bis zu der Strophe:

„Wo ist der Freuden Ort?
Ach nirgends mehr denn dort,
da die Engel singen
zusamt den Heil'gen all
und die Psalmen klingen
im hohen Himmelssaal.
Eia, wärn wir da! Eia, wärn wir da!"

Dann richtete sich Emma noch einmal auf und flüsterte: „Jetzt singt:

Heut schließt Er wieder auf die Tür
zum schönen Paradeis;
der Cherub steht nicht mehr dafür,
Gott sei Lob, Ehr und Preis!

Gott sei Lob, Ehr und Preis!" wiederholte Emma mit kaum noch hörbarer Stimme. „Freut euch doch mit mir, daß ich Weihnachten im Himmel feiern darf! Fröhliche Weihnachten!" Ihr Kopf sank auf das Kissen zurück. Ohne daß es uns jemand befohlen hätte, sanken wir alle um sie her auf die Knie.

Ich weiß nicht, wie lange wir so verharrten. Die Kerzen am Christbaum knisterten leise, eine nach der anderen verlosch. Der Himmel, die Ewigkeit, war nicht nur nahe, sie war bei uns, um uns, und in der Ewigkeit kennt man keine Zeit. Endlich hörte ich Vater mit halb erstickter Stimme sagen: „Nun feiert Emma fröhliche Weihnachten!"

Als wir zehn Kinder drei Tage danach mit Vater von der Beerdigung heimkehrten, kam uns Mutter entgegen. Sie nahm ein jedes von uns fest in den Arm und sagte: „Nun wartet Emma in der Ewigkeit auf uns, in der himmlischen Weihnachtsfreude. Wir wollen ihren Wunsch erfüllen und beweisen, daß Christen auch im Leid Weihnachtsfreude haben. Wir bleiben die fröhliche Familie!"

Und so sind wir die fröhliche Familie geblieben, und der Schein dieser Fröhlichkeit strahlt noch heute über Kinder und Kindeskinder.

DAS HÄSSLICHE MÄDCHEN

Die Kinder unserer Familie waren teils Vater, teils Mutter ähnlich. Die blonden, blauäugigen glichen Mutter, die schwarzlockigen mit den dunklen Augen Vater. Aber allesamt waren es — wie Mutter noch kurz vor ihrem Tod dankbar sagte — brave, gottesfürchtige Kinder, und allesamt waren wir — wie Freunde und Bekannte lobten — hübsche Kinder.

Hierbei gab es allerdings eine Ausnahme: unsere derbe Guste konnte man beim besten Willen nicht schön, noch nicht einmal hübsch nennen. „Sie hat einen Kopf wie ein Eichenklotz", hatte Vater einmal geäußert, und sie selber hatte allen Ernstes behauptet, sie hätte eine doppelte Hirnschale, darum spürte sie die Kopfnüsse nicht, die sie als Kind wegen ihres jungenhaften Benehmens oft einheimste.

Ja, wie aus Holz geschnitzt war sie, aber ein Künstler hatte sie bestimmt nicht geschnitzt. Heute denke ich dabei manchmal an die Geschichte von der Madonna brutta, der „häßlichen Madonna", in deren grobe Hülle man in Kriegszeiten eine Statue aus purem Gold versteckt hatte.

Guste hatte auch ein goldenes Herz. Keine von uns war so unermüdlich fleißig, so aufopfernd, so selbstlos. Keine liebte mit solch leidenschaftlicher Selbstaufgabe.

„Ach, wird unsere Guste jemals einen Menschen finden, der sie so liebt, wie sie selber liebt?" hörte ich einmal Mutter leise zu Vater sagen, als ich wegen einer Erkrankung in der Eltern Kammer schlafen durfte.

Damals war es noch selbstverständlich, daß ein Mädchen heiratete, wenn es nicht krank oder bresthaft war. Auch Guste sammelte fleißig an ihrer Aussteuer. Sie hatte gewiß die reichste von uns allen. Schon als Dreizehnjährige hatte sie in Tante Ewertsbuschs Haushalt geholfen. Sie hatte das – wie alles, was sie in die Hand nahm – mit großem Eifer, ja man kann wohl sagen mit Begeisterung getan. Für Guste waren Scheuerfeste immer wirkliche Feste. Die wohlhabende und kinderlose Metzgersfrau hatte mit Lohn und Lob nie gekargt, und so häufte sich in Gustes Truhe ein Ballen Leinen auf den anderen neben silbernen Löffeln und allen möglichen Schätzen, und auf ihrem Sparbuch wuchs der Betrag auch ständig an.

„Ich gebe euch Kleinen später davon ab", versprach Guste immer, wenn wir ihren Reichtum bestaunten. „Mich nimmt doch keiner! Wer verliebt sich in solch einen Metzgergesellen, wie ich bin!"

„Verlieben braucht sich keiner in dich!" hatte Mutter darauf sanft gesagt, „aber liebhaben wird dich einer. Habe ich dich nicht auch lieb?"

„Ja du, Mutter!" hatte Guste darauf gerufen und hatte Mutter wieder einmal so fest in ihre kräftigen Arme geschlossen, daß Mutter leise Au! geklagt hatte.

„Auch die Liebe zwischen Mann und Frau hängt nicht immer von einem schönen Äußeren ab!" hatte Mutter dann belehrt. „Im Himmel werden die rechten Ehen geschlossen, und von dort aus werden die goldenen Fäden zwischen Mann und Frau gesponnen."

Am Abend hatte Mutter uns dann das schöne Paul-Gerhardt-Lied vom Ehestand vorgelesen, worin es heißt:

Die sich nach dem Angesicht
niemals hier bevor gekannt,
auch sonst im geringsten nicht
mit Gedanken zugewandt,
deren Herzen, deren Hand
knüpft Gott in ein Liebesband.

Jeder findet, jeder nimmt,
was der Höchst ihm ausersehn,
was im Himmel ist bestimmt,
pflegt auf Erden zu geschehn,
und was denn nun so geschicht,
das ist sehr wohl ausgericht't.

Wir Mädchen hörten andächtig zu. Wir kamen ja nach und nach alle in das Alter, daß wir wie unsere Emma und unser Minchen einen Bräutigam haben würden, wenn wir vier Jüngsten auch noch in die Schule gingen.

„Nun, vielleicht bin ich ausersehen, daß ich eine Familientante werde!" sagte Guste noch vor sich hin; aber sie ließ dabei den Kopf nicht hängen, sondern stürzte sich gleich danach auf die Messing- und Zinnkannen und Teller, die sie zum Sonntag noch auf Hochglanz scheuern wollte, weil wir Kleineren das mit unseren schwachen Kräften doch nicht so könnten wie sie.

An Guste selber, die sich so mühte, alles zum Glänzen und Blinken zu bringen, war wenig Glänzendes außer ihrer Nase, womit wir sie manchmal neckten. „Das kommt von der Kernseife", erklärte sie dann ungerührt.

Eines Abends aber, als sie nach Hause kam, trug sie etwas Glänzendes, allerdings etwas matt Glänzendes. Es war ein schmaler silberner Reif, den sie an ihrem derben Arm der Mutter hinstreckte.

„Ich hab' ihn geschenkt bekommen", murmelte sie so verlegen, wie wir unsere Guste gar nicht kannten, „Minchen kann ihn ja haben."

„Was man geschenkt bekommen hat, darf man nicht weitergeben", belehrte Mutter lächelnd, „und wer war der freundliche Spender?"

„Der Ferkelsbauer", brummte Guste noch verlegener mit gesenktem Kopf, und sie wurde zu unserem Staunen blutrot.

„Wer ist das denn?" fragte Mutter noch lächelnd. „Hat er an Onkel Ewertsbusch Ferkel verkauft?"

Guste nickte. „Schon oft. Er kommt aus Westfalen. Dort züchten sie besonders gute Schweine. Die werden mit Eicheln gefüttert, und das gibt einfach großartige Schinken und Mettwürste. Ich sage euch, so etwas Feines!" Ihre Augen leuchteten.

„Dieser Ferkelsbauer ist sicher so ein dicker, knubbeliger Westfale mit einem roten Gesicht, einer Kartoffelnase und Borstenhaaren!" rief Karl.

Guste blitzte ihn an! „Du könntest dich freuen, wenn du mal so 'n bildschöner Mann würdest!" schalt sie zornig, „goldblond ist er und wohl zwei Meter groß. Bei der Garde hat er gedient. Einen eigenen Hof hat er nicht, weil er der zweite Sohn ist; aber ein Gut hat er gepachtet, so eins gibt es gar nicht hier in der Gegend, hat Onkel Ewertsbusch gesagt. Was der ist, weißt du noch nicht zu werden, ja!"

„Ha, Guste ist verliebt!" neckte Alwine. „Da gibt's bald wieder eine Verlobung!"

Klatsch! da hatte sie von Gustes kräftiger Hand eine Ohrfeige, daß sie laut aufschrie.

„Der nimmt so eine Häßliche wie mich doch nicht!" rief Guste dabei, und dann weinte sie ebenso laut, aber noch verzweifelter als Alwine und lief hinaus.

Wir erfuhren danach einige Wochen nichts mehr von diesem „Ferkelsbauer", der in Gustes Leben getreten war. Ich hörte nur mehrmals nachts Guste neben mir im Bett weinen, so heftig und leidenschaftlich, wie sie alles tat. Alwine hatte es auch gehört.

Wir wagten aber nicht, Guste nach dem Westfalen zu fragen oder sie gar zu necken, erstens hatte es uns Mutter verboten, und zweitens hatten wir gehörig Respekt vor Gustes kräftigen Ohrfeigen. Trotzdem wußte ich sofort, wer der große blonde Mann war, der eines Samstagnachmittags mit Tante Ewertsbusch den Berg zu uns heraufgestiegen kam, als ich vor dem Haus saß und strickte. So klein ich war und äußerlich auch blieb, so hatte ich für so etwas doch ein feines Gemerk.

Guste hatte zu meiner Aufklärung gar nicht den Schrubber samt dem Eimer umzuwerfen brauchen, womit sie gerade unsere Vortreppe putzte, und mit fliegenden Röcken fort in den Garten zu laufen.

Ich bekam einen gehörigen Guß ab. Aber um die Ehre des Hauses zu retten, schrie ich nicht, sondern verschwand rasch und still in meiner Schlafkammer, um mich umzuziehen.

Später hörte ich Lenchen und Alwine nach Guste rufen. Aber sie schien nicht auffindbar zu sein, denn auch als Tante Ewertbusch und der fremde Gast sich verabschiedeten, hörte man Gustes Stimme nicht, und leise sprechen, so daß man sie nicht heraushörte, das hat Guste nie gekonnt.

Am Abend erfuhren wir Geschwister nichts von den Absichten des Besuches, und zu fragen wagten wir weder die Eltern noch unsere streitbare Guste, die zudem mit verweinten Augen herumlief und ein Gesicht machte, als suche sie, wen sie verschlingen könnte.

Erst am nächsten Tag sickerte es durch, daß der „Ferkelsbauer" wohl unsere Guste haben wolle, sie ihn aber nicht. Wir waren einfach sprachlos, d. h. sprechen taten wir doch.

„Die ist ja nicht gescheit!" rief unsere Alwine, „er so ein bildschöner Mann und sie so häßlich!"

„Ja, gerade darum will sie ihn nicht!" wußte Lenchen.

„Wenn's noch umgekehrt wäre!" meinte ich.

„Das versteht ihr noch nicht", belehrte unser Minchen, die junge Braut, weise und zog den Stickfaden sorgsam durch das Leinen des Kissenbezuges. „Wenn ich häßlich wäre, hätte ich meinen schönen Albert auch nicht genommen."

Nun, diese Bemerkung, die unsere hübsche große Schwester in ehrlicher Überzeugung gemacht hatte, hat sie noch schwer bereut, denn wie oft ist sie von uns Geschwistern später damit geneckt worden!

Einige Tage danach machte uns Mutter sehr ruhig eine Mitteilung, aber dabei zuckten ihre Lippen wie immer, wenn sie sich etwas besonders Lustiges ausgedacht hatte und das Lachen kaum unterdrücken konnte. Guste sollte in Vertretung von Onkel Ewertsbusch, der wieder einmal an seinem Hexenschuß litt, nach Westfalen fahren und dort unter 20 Schweinen die 10 besten aussuchen.

„Das ist natürlich eine große Ehre für Guste, daß ihr Onkel Ewertsbusch so viel Geschäftstüchtigkeit zutraut, daß sie ihn vertreten kann“, erklärte Mutter.

„Und so viel Schweineverstand!“ scherzte Vater und schmunzelte auch.

„Natürlich kann Guste als junges Mädchen nicht allein reisen“, fuhr Mutter fort. „Minchen als vernünftige und verlobte große Schwester begleitet sie, und Annchen darf auf Gustes Wunsch auch mit.“

„Macht euch recht fein, damit sie in Westfalen staunen!“ scherzte Vater in ungewohnter Lustigkeit.

Nun, und ob wir uns fein machten! Dafür sorgte Tante Ewertsbusch in großzügiger Weise. Wir waren selber so überwältigt von unserem „Staat“, daß wir uns sogar auf der freigebigen Tante Veranlassung fotografieren ließen, das erstemal in meinem Leben übrigens.

Ich habe das Bild hier verblaßt und vergilbt vor mir liegen und möchte es euch am liebsten allen zeigen. Gewiß, ihr werdet lächeln über diese drei mit ihren hinten so weit ausgebauschten Röcken, den Spitzenmanschetten und den Hütchen mit den Straußenfedern. Aber damals war es so Mode, und keinem wäre es eingefallen, darüber zu witzeln oder die Nase zu rümpfen. Trotz meiner Erwachsenenkleidung und des keck vorgestreckten Regenschirms sowie dem noch gewagter gezeigten Schnürstiefelchen sieht man mir doch noch das Kind an. Minchen steht vornehm und überlegen eine Stufe über mir. Und Guste? Ja, obwohl sie das prächtigste, vielfach gerüschte, getupfte Seidenkleid mit dem dicken goldenen Medaillon trägt, schaut sie doch drein wie ein grimmiger Schutzmann, und als wenn sie mich verhaften wollte, hat sie ihre kräftige Linke mit dem schwarzen Halbhandschuh auf meine schmale Schulter gelegt, und den Regenschirm stemmt sie so fest auf den Boden, daß man befürchten muß, er bräche im nächsten Augenblick entzwei.

Ach ja, für Guste war solch eine vornehme Aufmachung nichts, und leider sagte ihr auch der „Ferkelsbauer" sogleich, als er uns am Bahnhof abholte, in westfälischer ehrlicher Offenheit: „In Ihrer blauen Arbeitsschürze gefallen Sie mir besser, Fräulein Auguste!"

„Wenn ich das gewußt hätte, hätte ich die schönen Taler für diesen Staat gespart", antwortete sie ihm ebenso aufrichtig und schaute ihn dabei an, als wenn er schuld an dieser Verschwendung wäre.

Das war natürlich kein guter Anfang für unsere Brautschau, die als Ferkelschau getarnt worden war. Als Brautschau hatte Karl diese Reise bezeichnet, dann aber auf Gustes zorniges Augenblitzen hinzugefügt: „Nun, die Leute in Westfalen könnten doch bei eurem Besuch meinen, der Herr Ferkelsbauer bekäme drei zur Auswahl vorgeführt!"

„Hier werden keine Bräute, sondern Schweine ausgesucht!" hatte Guste gegrollt, „und außerdem ist Minchen verlobt und Annchen noch zu jung, und ich heirate ihn überhaupt nicht! Der will mich ja nur, weil ich so ein Arbeitspferd bin."

Nun saß sie auch grollend auf dem flotten Einspänner, mit dem uns der junge Mann durch Wald und Feld und Wiesenland und durch ein Dorf mit gemütlichem Zwiebelturm kutschierte. Ich ahnte damals noch nicht, daß ich in diesem Dorf zehn Jahre später meinen Mann und auch Alwine ihren Lebensgefährten und ihre Heimat finden sollte.

Noch ein gutes Stück Wegs hinter dem Ort lag in einem lieblichen Wiesental dicht am Wald das Gut des „Ferkelsbauern". Das weißgetünchte vielfenstrige Haus machte einen behäbigen, gemütlichen Eindruck. Kritisch besah Guste den Flur, als wir eintraten.

„Die Steine müßten hier besser geschrubbt werden!" brummte sie vor sich hin. „Und der Fußboden auch!" murmelte sie, als wir in die Stube traten. Nach dem Mittagessen, das uns eine weißhaarige Lina auftrug und das sehr schweigsam verlief, wünschte Minchen, in den Wiesen „zarte Blümlein zu Freundschaftssträußchen" zu pflücken. Ich war auch bereit mitzugehen, um Mutter einen Strauß mitzubringen. Aber Guste hatte anderes im Sinn.

„Larifari!" sagte sie und sprang auf, „eine westfälische Mettwurst ist Mutter lieber. Blumen welken bis zu Hause, und ich bin nicht wegen Blumen hierher gekommen, sondern wegen Schweinen. Jetzt geht es in den Stall!" Sie schaute an ihrer gerüschten Seidenpracht hinunter.

„Ist wirklich wahr, was Sie gesagt haben", sagte sie dann, „diesen dummen Staat hätte ich besser weggelassen. Hat ein Heidengeld gekostet, und schöner werd' ich auch nicht davon. Geben Sie mir mal 'n Strick oder so was Ähnliches, daß ich den Rock hochbinde. Sonst hab' ich nachher die Hackepampeln dran. Und für ne deftige blaue Schürze sorgen Sie mal!" Und zu Minchens sprachlosem Entsetzen verschwand einige Minuten danach unsere Guste mit hochgebundenem Seidenkleid und blauer Schürze im

Schweinestall, wohin ihr der „Ferkelsbauer" vorausging.

Minchen und ich lustwandelten indessen sittsam auf den Wiesenpfaden. Erst kurz vor unserer Abreise, die wegen der schlechten Verkehrsverhältnisse schon gegen 3 Uhr sein mußte, sahen wir unsere Guste wieder. Und mit ihr und drei westfälischen Mettwürsten traten wir die Heimfahrt an, auf der Guste so schweigsam war wie diese schmackhaften Würste.

Zu Hause liefen wir natürlich alle drei, wie es bei jeder Heimkehr üblich war, zu Mutter. Guste fiel ihr sogleich stürmisch um den Hals. „Mutter", rief sie, „ich nehm' ihn nicht! Deinetwegen kann ich ihn nicht nehmen!"

„Meinetwegen?" staunte Mutter.

„Ja", schluchzte Guste, „wer soll dir denn helfen, wo Emma doch fort ist und Minchen zu fein für unseren Haushalt und auch bald heiraten will!"

„Aber, Guste", wehrte Mutter lächelnd, „meinetwegen sollst du nicht verzichten! Im Gegenteil! Es wäre mir sogar eine große Beruhigung, wenn du heiratetest. Ich bin gewiß, daß gerade bei dir deine Geschwister eine Heimat hätten, wenn ich nicht mehr wäre."

„Das sollen sie, das sollen sie!" versprach Guste eifrig, und dies Versprechen hat sie treulich gehalten und auf ihre sämtlichen Neffen und Nichten ausgedehnt. „Platz ist ja genug bei dem Ferkelsbauer, und dann nehm' ich ihn deinetwegen, Mutter!"

„Nur meinetwegen?" fragte Mutter und lachte noch herzlicher.

„Auch seinetwegen", versicherte Guste, „ist ja soweit ganz ordentlich bei ihm, aber da muß mal eine

Frau hin, die die Fußböden gründlich schrubbt und die Milchkannen blank scheuert."

„Und deinetwegen nimmst du ihn also nicht?" fragte Mutter.

Da drückte Guste ihren derben eckigen Kopf noch fester an Mutters Schulter und stammelte lachend und weinend: „O Mutter, er hat mich doch lieb, wenn ich auch so häßlich bin!"

Und Mutter lächelte auf ihre häßliche Tochter hinunter und sagte: „Dann hat er Weisheit von unserem Herrn im Himmel und kennt das Wort: ‚Der Mensch sieht, was vor Augen ist; Gott aber sieht das Herz an.' Wenn nur alle Männer so klug wären wie dein Ferkelsbauer!"

DIE BLINDE KÖNIGIN

„Fädle mir mal die Nadel ein, Kind!“ Das sagte Mutter immer öfter, und nach und nach war es bei uns schon zur Gewohnheit geworden, Mutter die Nadel einzufädeln, wenn sie am Nähen, Stopfen oder Flicken war. Ja, wir Kleineren lauerten schon darauf wie Heftelmacher und machten uns den Rang streitig, wer jetzt daran war, einfädeln zu dürfen. Mutter lächelte dann und sagte: „Ich komme mir vor wie eine Königin, deren Dienerschaft sich darum reißt, ihr behilflich sein zu dürfen.“

„Nur daß Königinnen im allgemeinen keine Socken stopfen!“ scherzte Vater eines Abends, als er bei uns saß und die Zeitung las.

Es war ein besonders gemütlicher Abend. Ich erinnere mich noch seiner, als wäre es erst gestern gewesen. Wir saßen alle miteinander um den großen abgewetzten Tisch. Auch Minchen und Guste, die schon seit einigen Jahren bei anderen Leuten arbeiteten, waren mit dabei. Minchen, die Zofe bei Kommerzienrat Wittenstein war, stickte mit ihren feinen Fingerchen an einem Perlkissen. Guste flickte an einer ihrer blauen Schürzen, die sie in Tante Ewertsbuschs Küche und Metzgerei trug. Es war wohl so richtig ein Beweis, daß unser Haus wirklich ein sonniges Haus war, daß diese beiden Großen jeden freien Abend daheim verbrachten, und nicht gezwungen, sondern aus freiem Antrieb zog es sie in den Familienkreis.

„Nirgends ist es so gemütlich wie bei uns zu Hause!“ hatte Guste auch an diesem Abend wieder einmal mit einem befriedigten Seufzer versichert, und Minchen, die so ein Gegensatz zu unserer derben Guste war und meist nicht mit ihr übereinstimmte, hatte ihr mit einem gefühlvollen „Ach ja!“ ihre Bestätigung zugenickt.

An diesem Abend war es nun besonders schön, weil auch Vater sich nicht in sein Stübchen zurückgezogen hatte, sondern bei uns geblieben war. Er las zwar in der Zeitung, ließ sich aber durch unser leises Geplauder nicht stören, verbat es sich auch nicht, sondern warf sogar dann und wann ein Scherzwort hinein. Oder – was uns immer besonderen Spaß machte und mit dankbarem Gelächter belohnt wurde – er las Anzeigen lustig zusammengekoppelt vor, z. B.: Fleißiges, sauberes Hausmädchen, auf den Namen Bello hörend, entlaufen. Oder er erfand Nachrichten, die uns in großes Erstaunen versetzten, bis wir an dem Blinzeln hinter seinen Brillengläsern merkten, daß er uns wieder einmal angeschmiert hatte. Manchmal fielen wir aber auch nicht auf sein Geflunker herein, denn wer von uns war so dumm zu glauben, daß einer mit einem Luftballon bis nach England geflogen wäre oder ein anderer einen Wagen erfunden hätte, der ohne Pferde und ohne Dampf und Schienen durch die Straßen fuhr. Ja, Vater war an diesem Abend erstaunlich gut aufgelegt.

„Wir werden alt, Mina“, neckte er unsere liebe Mutter, als sie sich wieder die Nadel einfädeln ließ, „sogar deine schönen blauen Augen bleiben nicht jung. Du mußt dir eine Brille auf deine kleine Nase setzen! Paß mal auf, wie würdig du dann aussiehst!“

„Mutter eine Brille!“ riefen wir Kinder teils lachend, teils entsetzt.

Mutter schaute Vater an und lächelte. Aber wenn ich es mir heute überlege, so war es kein fröhliches, sondern ein wehmütiges Lächeln.

„Eine Brille nützt mir nichts, Karl!“ sagte sie leise. „Ich habe es schon einmal mit deiner versucht.“

„Natürlich half sie dir nicht!“ entgegnete Vater ein wenig ärgerlich, „wir haben doch ganz verschiedene Augen!“

„Vater hat braune Augen, und Mutter hat blaue Augen!“ krähte unser Jüngster dazwischen und schaute dabei stolz in die Runde. Aber diesmal lachten wir nicht wie sonst über seine Einfälle. Wir waren auf einmal gar nicht mehr so fröhlich. Mir war so beklommen zumute und den anderen wahrscheinlich auch. Es war, als ahnten wir, daß sich uns ein Unheil nahte, eine dunkle Wolke, die unser sonniges Haus überschatten wollte.

„Ach Karl, das macht es nicht!“ sagte Mutter noch leiser. „Mir helfen keine Gläser! Ich habe einen Schleier vor den Augen.“

Mit einem Ruck ließ Vater die Zeitung sinken und sprang auf. Er stellte sich dicht vor Mutter. „Schau mich mal an!“ befahl er in seiner kurzen Art.

Mutter hob ihre schönen blauen Augen zu Vater auf. Die beiden sahen sich an, und wir Kinder starrten wiederum die beiden an. Karl brummte zwar noch: „Wie ein Brautpaar!“ Aber ein kräftiger Stoß von Gustes kräftiger Hand überzeugte auch ihn, wie ernst dieses In-die-Augen-Schauen zu nehmen war.

„Du gehst morgen sofort zum Augenarzt!“ bestimmte Vater.

„Aber, Karl", widersprach Mutter sanft, „das kostet doch so viel! Karl und Annchen müssen neue Schuhe haben."

„Ich lauf' gern noch in den alten, die sind so schön latschig ausgetreten!" rief Karl.

„Meine drücken fast gar nicht!" fiel ich zaghafter ein, denn ich war ein eitles kleines Ding und dachte mit Schrecken an den großen Riester, den Vater selber auf den rechten Schuh vorne drauf geflickt hatte.

„Ich habe mir schon so 'n schönes Stück Geld bei Tante Ewertsbusch für meine Aussteuer gespart", fuhr Guste fort, „und was brauch' ich eine Aussteuer! Mich nimmt doch keiner!" (Damals hatte sie sich noch nicht zu der Heirat mit ihrem westfälischen Freund entschlossen.)

„Ich brauche zwar eine Aussteuer", flötete unser feines Minchen, „aber mein Albert wäre entrüstet, wenn ich meine Ersparnisse nicht freudig für meine Mutter opferte."

„Nun Schluß mit dem Gesäusele!" fuhr Vater dazwischen. Er mochte Minchens gefühlvolle Art weniger als Gustes Derbheit, die er zwar auch häufig tadelte. „So viel werde ich wohl noch selber aufbringen, ohne die Hilfe meiner Kinder in Anspruch nehmen zu müssen."

„Sie meinen es doch so gut!" beschwichtigte Mutter.

„Ja, ja!" gab er aufgeregt zu und knüllte die Zeitung zusammen. Wir starrten ihn immer noch wie verzaubert an. Das Papier knisterte und raschelte. Er faltete die Zeitung nicht so sorgfältig, wie er es sonst tat. Seine Hände zitterten.

„Morgen früh gehst du zum Arzt!" sagte er in

seiner Art, die keinen Widerspruch duldete. Und damit ging er in sein Stübchen hinüber, ohne gute Nacht zu sagen. Es war aus mit dem fröhlichen Abend!

Wir wären alle bedrückt zu Bett gegangen, wenn jetzt nicht Mutters helle Stimme in unsere Trübsal hineingefahren wäre. „Nun singen wir den Abendsegen!" befahl sie. „Ich schlage heute ein besonders schönes, aber auch schweres Lied vor, weil unsere beiden Großen da sind und mithelfen können.

Hinunter ist der Sonne Schein,
die finstre Nacht bricht stark herein;
leucht uns, Herr Christ, Du wahres Licht,
laß uns im Finstern tappen nicht!"

„Laß uns im Finstern tappen nicht!" wiederholte Mutter leise; doch dann hob sie mit ihrem strahlenden Lächeln den Kopf und sagte: „Bei Ihm wird die Finsternis auch Licht sein!"

Am nächsten Nachmittag – am Morgen hatte sie sich nicht frei machen können – durfte ich Mutter in die Stadt zum Augenarzt begleiten.

„Weißt du, Annchen", sagte sie mit einem entschuldigenden Lächeln, „mir wird es auf der Straße unter den vielen Menschen oft ein wenig bange mit meinem Schleier vor den Augen. Du führst mich doch gern?"

Und ob ich es gern tat! Ich fühlte mich beglückt und hochgeehrt wie immer, wenn ich mit Mutter ausgehen durfte.

Aber diesmal plauderte sie nicht so fröhlich mit mir wie sonst. Sie ging sehr still an meiner Hand. Schließlich, als mir ihr Schweigen fast beängstigend wurde, zupfte ich sie zaghaft am Rock und fragte teilnahmsvoll: „Mutter, bist du sehr bange?"

„Ach nein, Kind", antwortete sie freundlich, „ich dachte nur, wie ich so an deiner Hand ging, an ein Wort der Heiligen Schrift: Als du jünger warst, gürtetest du dich selbst und wandeltest, wohin du wolltest; wenn du aber alt wirst, wirst du deine Hände ausstrecken, und ein anderer wird dich gürten und führen, wohin du nicht willst."

„Soll ich dich nicht zum Augenarzt führen? Willst du nicht hin?" fragte ich erschrocken und blieb stehen.

„O doch, Annchen", entgegnete Mutter, „du kleines Ding führst ja gar nicht den Weg, den ich nicht gehen will. Der andere, der führt, ist der Herr, und die Wege des Herrn sind richtig. Weißt du nicht, wie wir immer singen: Du führst mich doch zum Ziele, auch durch die Nacht?"

Danach mußte ich lange Zeit im Wartezimmer des Arztes sitzen, während Mutter bei ihm im Sprechzimmer war. Ich baumelte mit meinen kurzen Beinen gegen die Quasten des rotsamtenen Polstersessels, so daß sie auch baumelten. Und das dünkte mich sehr vornehm.

Auf dem Heimweg war Mutter noch stiller.

„Wir gehen noch zum Großvater", bestimmte sie. Großvater war schon eine Weile bettlägerig. Er war nicht krank, nur müde. Er begrüßte uns mit freundlichem Lächeln. Dann aber wurde ich zu Tante Berta in die Küche geschickt. Dort war ich immer sehr gern, weil die gute Tante stets irgendeinen Leckerbissen für mich bereit hatte.

Als Mutter dann aus Großvaters Zimmer heraustrat, waren ihre Augen so strahlend, als hätten sie etwas Wunderschönes gesehen, und es war kaum glaublich, daß ein Schleier über ihnen liegen sollte. Ob ihn der Augenarzt vielleicht schon weggeschnitten hatte, dachte ich. Aber ich wagte Mutter nicht zu fragen. Ich hatte bestimmt niemals Angst vor ihr. Aber eine unerklärliche Scheu hielt mich ab, sie zu stören, als sie so seltsam entrückt neben mir bergan zu unserem Haus schritt.

Erst am Abend, als Mutter längere Zeit mit Vater in seinem Stübchen geweilt hatte, erfuhren wir Kinder, was der Augenarzt gesagt hatte: Mutter sollte schon in der nächsten Woche in der Augenklinik in Bonn operiert werden. Wir waren alle so entsetzt, daß keines von uns zuerst nur ein Wörtchen dazu äußerte.

Mutter nach Bonn! In eine Klinik! Das war etwas anderes als damals die kleine harmlose Reise ins Hessenland, worüber wir Kinder uns schon so aufgeregt hatten. Wir standen wie versteinert. Und wieder löste uns Mutters fröhliche Stimme aus unserer bösen Verzauberung.

„Nun steht doch nicht da und starrt gen Himmel!" rief sie munter, „ich sterbe doch nicht daran, wenn ein geschickter Arzt den Schleier von meinen Augen löst. Freut euch lieber mit mir, daß ich dann euch alle und die schöne Gotteswelt wieder richtig sehen darf, wenn es des Herrn Wille ist."

„Wir wollen alle ganz feste beten, daß deine Augen wieder gesund werden!" stieß Alwine hervor.

„Ja, wir wollen alle beten, daß die Operation gelingt!" pflichtete Minchen bei.

„Ja, ja, ja!" stimmten wir allesamt bei.

„Nein!" sagte da Mutter mit fester Stimme und

machte ihre bekannte kleine Handbewegung, womit sie uns dann und wann eine Bitte endgültig abschlug.

Nein? Wir staunten sie an. Sollten wir denn nun gerade nicht beten, beten für sie, die uns das Beten gelehrt hatte, die selber ein Gebetsleben führte?

„Nein!“ sagte Mutter noch einmal. „Ihr sollt nicht beten, daß meine Augen geheilt werden. Wißt ihr denn, ob das des Herrn Wille ist? Betet: Dein Wille geschehe! Gottes Wille ist immer gut. Und betet, daß ich zu diesem Willen freudig ja sagen lerne. Daß ich beten kann:

Was gewesen, werde stille,
stille, was dereinst wird sein!
All mein Wunsch und all mein Wille
geh in Gottes Willen ein!

Heute abend singen wir:

Was Gott tut, das ist wohlgetan,
es bleibt gerecht Sein Wille.“

Ob Mutter geahnt hat, wie die Operation ausging? Als sie nach einigen Wochen zurückkehrte, war die Operation des linken Auges mißglückt – es war blind.

„Es bleibt ja noch das andere Auge übrig!“ tröstete Vater. „Das laßt du nächsten Monat operieren, und das wird dann bestimmt klar.“

„Ach Karl, wollen wir mit dem Messer eines Arztes gegen Gottes Willen angehen?“ widersprach Mutter. „Ich habe die Gewißheit bekommen, daß der Herr meine Blindheit will.“

Aber dann beugte sie sich doch unter Vaters Machtwort, wie sie es zeitlebens getan hat. Sie fuhr noch einmal nach Bonn. Sie ließ auch das andere Auge operieren. Sie behielt recht: Von der zweiten Operation kehrte sie als Blinde zurück.

Als Vater uns Kinder darauf vorbereitete, weinten wir alle hellauf. Aber als er dann am Tag danach mit Mutter am Arm den Berg heraufkam und wir alle vor der Haustür zu ihrem Empfang standen, unterdrückten wir tapfer das Schluchzen, das uns im Hals würgte. Dafür sorgte schon Vaters strenger Blick, mit dem er warnend und befehlend von einem zum anderen sah.

Als wir dann in Mutters klares, helles Gesicht schauten, wurde es uns leichter, die Tränen hinunterzuschlucken. Mit ausgestreckten Händen kam sie auf uns zu.

„Da bin ich wieder!" rief sie mit ihrer hellen Stimme. „Und nun bekommt ihr mich nie wieder los! Ich kann euch ja gar nicht mehr fortlaufen. Nun habe ich mal richtig Zeit für euch! Aber paßt mal auf, wie ihr jetzt für mich arbeiten müßt! Ihr habt mich ja manchmal eure Königin genannt. Nun stell' ich euch erst richtig als meine Dienerschaft an."

Wir drängten uns um sie, wir umarmten sie, küßten sie; jedes wollte noch dichter an sie heran. Wenn Vater nicht dazwischengegriffen hätte, hätten wir sie mit unserer Liebe noch totgedrückt oder umgestoßen.

„Jetzt aber endlich das heißersehnte Köppchen Kaffee!" mahnte sie dann selber lachend.

Welche Selbstüberwindung und Tapferkeit war hinter diesem Lachen verborgen, denke ich heute.

Am Kaffeetisch tauten wir immer mehr auf. Wir

vergaßen ganz und gar, daß Mutter als Blinde heim gekehrt war und unter uns saß, ohne uns sehen zu können. Wir erzählten ihr eifrig. Es war wie ein Sonntag mitten im Alltag.

„Das war ein wunderschöner Nachmittag!" sagte Alwine, als wir endlich die Tassen abräumten.

„Ihr sollt mal sehen, welch schöne Zeit jetzt beginnt!" rief ihr Mutter nach.

Das klang fast unglaublich, und doch kann man von den folgenden Tagen und Monaten sagen: „Da haben die Dornen Rosen getragen!"

Mutter fand sich überraschend schnell in Haus und Hof zurecht. Ein Fremder hätte ihr kaum ihre Blindheit angemerkt. Aber so unermüdlich treppauf und treppab konnte sie doch nicht mehr wirken. Manche Arbeit mußte sie uns Kindern überlassen, und wir setzten alle unsere Ehre darein, alles so vollkommen auszuführen, wie sie es früher getan hatte.

Sie selber saß viele Stunden mit ihrem Strickstrumpf an ihrem Fensterplatz oder bei gutem Wetter vor dem Haus. Und da gehörte sie uns nun noch viel mehr als früher. Sie hatte noch viel mehr Zeit für uns und für alle anderen, die mit großen und kleinen Sorgen und Nöten zu ihr kamen. Für jeden hatte sie ein freundliches Wort, ein freundliches Lächeln. Kein Hadern mit Gott, kein Klagen über eigenes Leid kam je über ihre Lippen.

Einmal hörte ich, wie Tante Ewertsbusch in ihrer derben Art zu Mutter sagte: „Ich begreife nicht, daß du immer so zufrieden und geduldig sein kannst."

Da antwortete Mutter: „Denen, die Gott lieben, müssen alle Dinge zum Besten dienen. Er legt auf keine Schulter mehr, als sie tragen kann. Wie deine

Tage, so deine Kraft, und unter dir sind ewige Arme. Und habe ich nicht allen Grund, dankbar zu sein? Ich habe ein Heim, einen guten Mann, brave Kinder. Und nun tut mir der Herr noch die Ehre an und nimmt mich besonders. Nun können meine Lieben nicht nur besser mit mir reden, sondern auch Er mit mir und ich mit Ihm."

Ja, das merkte man Mutter oft an, wenn sie, das Gesicht zum Himmel hinauf gewandt, still dasaß, daß sie mit Ihm Zwiesprache hielt. Die sichtbare Welt war für sie erloschen, aber die unsichtbare Welt wurde ihr immer klarer. Von einer Klarheit zur anderen wurde sie geführt.

Sie hatte uns immer so wunderschön die biblischen Geschichten erzählt. Nun aber war es, als sähe sie das Heilige Land, die Gestalten und den Herrn Jesus leibhaftig vor sich, so lebhaft und anschaulich berichtete sie uns davon. Eine ihrer liebsten Geschichten war die von der Auferweckung des Töchterleins des Jairus.

„Denkt euch", rief sie dann mit roten Wangen, „sie schaute beim Erwachen zuallererst in des Herrn Jesu Antlitz. So werde ich es auch erleben!" Und dann fügte sie das Psalmwort hinzu: „Ich aber will schauen Dein Angesicht in Gerechtigkeit; ich will satt werden, wenn ich erwache, an Deinem Bild."

„Aber noch nicht, noch nicht!" rief ich eines Abends dabei ängstlich und griff nach ihrer Hand.

„Nein, noch nicht, Kleines", entgegnete sie leise, „ihr braucht mich ja noch!"

An einem Frühlingsnachmittag schickte Großvater Bescheid, er wolle von Mutter Abschied nehmen. Meine Schwester Auguste half Mutter beim Ankleiden, während ich mich freute, Mutter führen zu dürfen.

Als wir bei Großvater angekommen waren, setzte sie sich auf sein Bett, streichelte seine welken Hände und sagte: „Ach Vater, wie gern würde ich noch einmal dein liebes Gesicht sehen! Aber damit muß ich mich wohl noch gedulden!"

Großvater erwiderte: „Liebes Kind, ich habe Lust abzuscheiden und bei Christus zu sein, ich bin des Treibens müde!"

„Ach Vater", seufzte Mutter, „ich bin auch oft so sterbensmüde. Meine Füße wollen auch nicht mehr! Sie sind so geschwollen. Aber mein Mann sagt, es käme daher, daß ich mich nicht mehr so bewegen könnte wie früher. Das Stubenhocken machte mich müde. Im Sommer, wenn ich wieder draußen sitzen kann, ginge es besser. Ich sähe ja so gesund und blühend aus und wäre noch jung."

„Ich habe dich rufen lassen, weil ich noch einiges mit dir zu besprechen habe; denn wer weiß, wie nahe mir mein Ende", sagte Großvater und befahl dann: „Annchen, geh hinaus zu Tante Berta!"

So weiß ich denn nicht, was die beiden Lieben noch zuletzt hier auf Erden miteinander geredet haben.

Als am anderen Morgen Auguste wie immer in Mutters Schlafzimmer ging, um ihr beim Ankleiden zu helfen, lag Mutter bewußtlos vor dem Bett. Und damit begann Mutters letzte Leidenszeit, die aber zugleich auch eine unvergeßliche Segenszeit für uns alle wurde.

Ihr Krankenzimmer wurde für uns eine Stätte des Friedens, ja ein heiliger Ort. Trotz Atemnot und

Schmerzen verließ sie auch hier ihr gütiges Lächeln nicht. Oft strich sie uns nacheinander über die Köpfe, die Gesichter und sagte: „Das ist Karl, das ist Alwine, das ist Annchen, das ist Hermann!“ Und dann hatte sie für jedes ein Segenswort wie einst der Vater Jakob vor seinem Scheiden. Unsere Herzen öffneten sich ihr immer weiter. Karl gelobte ihr kniend, als ältester Sohn niemals seine Geschwister im Stich zu lassen. Mutter ahnte wohl schon, daß wir auch Vater nicht mehr lange haben würden.

„Bei mir ist immer Platz für meine Geschwister!“ versprach ihr Auguste weinend und preßte ihren Kopf neben Mutters Kopf auf das Kissen. „Sie sollen alle bei mir eine Heimat haben! Ich sorge dafür, daß ich auch ein sonniges Haus habe!“

„Du sollst nicht bloß ein sonniges Haus haben“, erwiderte Mutter, „sondern alle zehn! Denkt einmal: wir waren eine fröhliche Familie, daraus sollen zehn fröhliche Familien werden!“

„Und später werden es dann hundert und dann tausend!“ rief unser Jüngster begeistert. „Und dann können wir alle zusammen singen: Himmelan zieht alles Volk des Herrn!“

„Himmelan!“ wiederholte Mutter leise, „das sollt ihr mir jetzt auch singen!“

Am Tag darauf erhielten wir die Nachricht, daß Großvater sanft entschlafen wäre.

„Wie schön!“ sagte Mutter, „jetzt ist er bei Jesus!“

In den nächsten Tagen lag sie sehr still, sie flüsterte nur noch. Am Abend vor Ostern waren wir wie jeden Abend an ihrem Bett versammelt und sangen ihr auf ihren Wunsch Auferstehungslieder.

Durch das geöffnete Fenster drang der Klang der

Festglocken aus dem Tal. Da richtete sich Mutter plötzlich auf, streckte beide Hände aus und rief laut: „Ich sehe – ich sehe Ihn! Nun ist der Heiland da!"

Dann sank sie zurück, faltete die Hände, noch ein tiefer Atemzug, und unsere Mutter war bei Ihm, nach dem sie sich ihr ganzes Leben lang gesehnt hatte. Wir hatten auf Erden keine Mutter mehr; aber dieser Eine blieb bei uns, der tröstet wie einen seine Mutter tröstet. Und mit Seiner Hilfe haben wir unser Versprechen gehalten: aus einem sonnigen Haus entstanden zehn sonnige Häuser, zehn fröhliche Familien!

INHALT